KB106899

例文中心 日本語文法

金昌奎 著

제이엔씨
Publishing Corporation

　　시중에 日本語文法書들은 많지만 例文들이 빈약하거나, 例文中心의 日本語文法書가 별로 없다고 느끼던 차에 本人이 직접 수많은 例文들을 모아 例文中心의 日本語文法書를 쓰게 되었다.

　　이 책은 中級수준의 日本語를 学習하고 있는 読者들에게 日本語를 解読하는데 도움을 주고자 하는 目的으로 쓰여졌다. 일반의 文法書들은 대개가 文法自体를 위한 文法書하라고 할 수 있다면, 이 책은 日本語自体를 理解하는데 도움을 주고자 하는 目的으로 쓰여진 文法書라고 할 수 있다. 이런 意味에서 이 책을 학습하는데 있어서는 文法知識 그 自体보다는 「基本文」 및 「練習問題」에서 그 文法知識을 活用하여 日本語를 정확히 解読하는데 중점을 두고 学習하기를 바라마지않는다.

　　그리고 이 책을 어느 정도 理解했다는 생각이 들 때는 日本語에 대해서 自信感을 가져도 좋을 듯 하다.

　　끝으로 이 책의 출판을 허락해주신 제이앤씨출판사 윤석현사장님을 비롯하여 워드작업을 도와준 대학원 제자 박지영, 이종은, 장연실양에게도 감사드린다.

2007년 1월 3일

김 창 규

目 次

例文中心　日本語文法

01 :: 名詞・代名詞

 文法説明 ● ● ● ● ● ● ● ● ● ● ● ● ●

❶ 名詞의 種類

    (1) 固有名詞 .... 京都, 田中, 富士山

    (2) 数詞 .... 一つ, 三本, 二つ目

    (3) 普通名詞 .... 人, 花, 海

    (4) 形式名詞 .... こと, ほう, はず, ため

❷ 名詞의 構成

    (1) 複合名詞 .... やり方, 拾い物, 待ち合わせ, 乗り換え

    (2) 接頭語가 붙은 名詞 .... お菓子, ごちそう, ま夜中, す手

    (3) 接尾語가 붙은 名詞 .... 川村くん, 友だち, 寒け, 赤み

❸ 転成名詞

    (1) 動詞 → 名詞 .... 動詞의 連用形

        働く → 働き, 遊ぶ → 遊び

    (2) 形容動詞 → 名詞 .... 形容動詞語幹+さ

        静かだ → 静かさ, にぎやかだ → にぎやかさ

    (3) 形容詞→名詞 .... 形容詞語幹+さ, み, け

        重い → 重さ, 重い → 重み, 寒い → 寒け

❹ 助数詞

사람 : 何人	집 : 何軒	횟수 : 何回
순서 : 何番	나이 : 何才	물건 : いくつ
긴 물건 : 何本	작은 물건(계란 등) : 何個	얇은 물건 : 何枚
책 : 何冊	작은 동물 : 何匹	큰 동물 : 何頭
구두 양말 : 何足	컵에 든 음료수 : 何杯	자동차 : 何台

	고유수사	~人	~枚	~階	~本
1	ひとつ	ひとり	いちまい	いっかい	いっぽん
2	ふたつ	ふたり	にまい	にかい	にほん
3	みっつ	さんにん	さんまい	さんが(か)い	さんぼん
4	よっつ	よにん	よんまい	よんかい	よんほん
5	いつつ	ごにん	ごまい	ごかい	ごほん
6	むっつ	ろくにん	ろくまい	ろっかい	ろっぽん
7	ななつ	しちにん/ななにん	ななまい	ななかい	ななほん
8	やっつ	はちにん	はちまい	はっかい	はっぽん
9	ここのつ	きゅうにん	きゅうまい	きゅうかい	きゅうほん
10	とお	じゅうにん	じゅうまい	じゅっかい	じゅっぽん
何	いくつ	なんにん	なんまい	なんがい	なんぼん

	~冊	~個	~台	~足	~杯
1	いっさつ	いっこ	いちだい	いっそく	いっぱい
2	にさつ	にこ	にだい	にそく	にはい
3	さんさつ	さんこ	さんだい	さんぞく	さんばい
4	よんさつ	よんこ	よんだい	よんそく	よんはい
5	ごさつ	ごこ	ごだい	ごそく	ごはい
6	ろくさつ	ろっこ	ろくだい	ろっそく	ろっぱい
7	ななさつ	ななこ	ななだい	ななそく	ななはい
8	はっさつ	はっこ	はちだい	はっそく	はっぱい
9	きゅうさつ	きゅうこ	きゅうだい	きゅうそく	きゅうはい
10	じゅっさつ	じゅっこ	じゅうだい	じゅっそく	じゅっぱい
何	なんさつ	なんこ	なんだい	なんぞく	なんばい

❺ 代名詞의 種類

(1) 人称代名詞 : 私, あなた, このかた, あいつ, だれ

(2) 指示代名詞 : これ, そこ, どこ, こっち

❻ 韓国語와 語順이 다른 것

あちらこちら(여기저기)　　あっちこっち(여기저기)

あちこち(여기저기)　　　　もう三分(3분만 더)

世界中(온 세계)　　　　　　家中(온 집안)

❼ 때의 표현

년	おととし 一昨年	きょねん 去　年	ことし 今　年	らいねん 来　年	さらいねん 再来年
월	せんせんげつ 先々月	せんげつ 先　月	こんげつ 今　月	らいげつ 来　月	さらいげつ 再来月
일	おととい	きのう	きょう	あした	あさって

❽ ・존경접두어　お : 주로 日本語에、お誕生日、お話

　　　　　　　ご : 주로 漢字語에、ご両親

　・미화접두어　お : お休み、お金、お酒

❾ 기간 표현

	年	ヵ月	週間	日	時間	分
1	いちねん	いっかげつ	いっしゅうかん	ついたち	いちじかん	いっぷん
2	にねん	にかげつ	にしゅうかん	ふつか	にじかん	にふん
3	さんねん	さかげつ	さんしゅうかん	みっか	さんじかん	さんぷん
4	よねん	よんかげつ	よんしゅうかん	よっか	よじかん	よんぷん
5	ごねん	ごかげつ	ごしゅうかん	いつか	ごじかん	ごふん
6	ろくねん	ろっかげつ	ろくしゅうかん	むいか	ろくじかん	ろっぷん

7	ななねん	ななかげつ	ななしゅうかん	なのか	ななじかん （しちじかん）	ななふん
8	はちねん	はっかげつ	はっしゅうかん	ようか	はちじかん	はっぷん
9	きゅうねん	きゅうかげつ	きゅうしゅうかん	ここのか	くじかん	きゅうふん
10	じゅうねん	じゅっかげつ	じゅっしゅうかん	とおか	じゅうじかん	じゅっぷん
何	なんねん	なんかげつ	なんしゅうかん	なんにち	なんじかん	なんぷん

- その晩は犬が夜通しほえていた。
- きみは間違いを笑ってはいけなかったのに。
- その問題は当分の間はそのままにしておきなさい。
- 彼はあまり遠くへ行かないうちに友達に会った。
- 私は彼の言うことをいつも信じるわけではない。
- その知らせは翌日になってはじめて彼のところに届いた。
- 私は子供のころ何時間も人形と遊んだものでした。
- ここのところ風邪ぎみで、頭がいたい。
- 人はみんな有名なうちはちやほやするものです。
- このことばのわけを言ってください。
- 授業中によそ見をしてはいけません。
- ぼんやり立っているところを人に見られた。
- 夕食の支度をしているところに子供が帰って来ました。
- こういう時は騒がないほうがいいです。
- 今日は朝ご飯を食べないで、学校に来ました。
- 雪不足で、札幌の雪祭りも開催が危ぶまれている。
- お父さんを説得するのに、家族みんなで工夫を凝らした。
- これは既成の人間関係についてもいえることである。
- どこの大学を卒業したかではないのだ。
- 口を利けば文句ばかりなんですもの。
- こちらにも何の精神的な負担がない。
- おれの車では、遠出はちょっと行く気がしないね。
- 浅草寺のはじまりは六二八年である。
- もう木村さんに伝えたいことはありません。
- 魚屋さんは魚が売れなくて、困っています。
- おたがいの感情を傷つけないように注意しましょう。
- 感心しない話が世間に伝えられている。
- 教師は大体ばか正直と相場が決まっている。
- 彼がタバコをすっている最中に戸が開いて召使がはいって来た。

- そんな短時間に彼がそれほど遠くへ行ったはずがない。
- 留守をしている間にお友達から電話がありました。
- 今のところ、意味のわからないことばはありません。
- 人間は、過去のことは、美しく考えがちである。
- いまさら彼女にそんな手紙など書くことはない。
- 中学生の時とった写真を見るたびに、そのころを思い出します。
- 母はさんざん苦労したあげく病気になった。
- 選手は、みんなどろだらけの顔になった。
- きのう習ったばかりだから、よくできるわけです。
- 成績が悪いのは、勉強をしなかったということです。
- テレビをみているうちに、うとうと眠ってしまった。
- 先生はためになる話をよくおっしゃってくださった。
- 私の借りた家は、札幌の町外れを流れる豊平川という川の右岸にあった。
- 徳川家康は、重い車を坂に押し上げるようなのが人生だと考えた。
- 日本人はふしぎな人々だ、との見方が外国の人の間で語られている。
- 大学、短大、専門学校などの学生の、海外への卒業旅行が年々盛んになっている。
- 日本の若者たちが、欧米だけでなく、アジア地域をはじめとする多様な国々へ出かける。
- 国の経済が伸びれば、そこに住む人の寿命が伸びると同時に、こどもをあまり産まなくない。

1. (　　　　) 속에 中(じゅう), 中(ちゅう), 間(かん), 間(あいだ) 중에서 알맞은
   것을 골라 넣으시오
   (1) 今準備(　　　　)ですので、少々お待ちください。
   (2) その(　　　　)を利用して攻撃した。
   (3) この自動車を修理するには、二週(　　　　)ぐらいかかります。
   (4) 今月(　　　　)に一度上京する予定です。
   (5) あの人は五日の(　　　　)何も食べずに過ごしたそうです。
   (6) 部屋(　　　　)さがしたが見つからなかった。
   (7) 休みの(　　　　)も研究を続ける。

2. (　　　　) 속에 「お」 또는 「ご」를 써 넣으시오
   (1) 部長さんの(　　　　)都合はいかがですか。
   (2) (　　　　)宅にはいつも何時に(　　　　)帰りですか。
   (3) (　　　　)両親は(　　　　)健在ですか。
   (4) 先生は今(　　　　)忙しいでしょうか。
   (5) 山田さんは(　　　　)存じですか。
   (6) (　　　　)手紙をどうもありがとうございました。
   (7) 銀座へいらっしゃるなら(　　　　)一緒させて下さい。

3. (　　　　) 속에 알맞은 것을 골라 넣으시오
   (1) ふつつかな(　　　　)でございますが、どうぞよろしく。
      ① 者　　　② 事　　　③ 根性　　　④ 食べ物
   (2) この家はガスも水道もなくて、(　　　　)が悪い。
      ① 根本　　　② 物　　　③ 便利　　　④ 様子
   (3) あのとこやは(　　　　)の客はことわることがある。
      ① 髪の毛　　② 爪　　　③ 不良　　　④ ふり
   (4) 今度の研究は何とかして(　　　　)にしたいんです。
      ① 物　　　② 事　　　③ 賞　　　④ 得意
   (5) たしかにここにおいた(　　　　)なんですがないんですよ。
      ① はず　　　② つもり　③ 考え　　　④ わけ

(6) 人の親切を(　　　　)にするようなことはしたくない。
　　① 有　　　② 無　　　③ 益　　　④ 無効

(7) 小さい子どもは、母親がへやをそうじする(　　　　)からよごします。
　　① よこ　　　② かたわら　　　③ わき　　　④ そば

(8) 今夜は(　　　　)だから早く帰っていらっしゃい。
　　① 晩ご飯　　　② ごちそう　　　③ 夕食　　　④ めし

(9) 手つだってあげる(　　　　)にざっしを買って下さい。
　　① かい　　　② ため　　　③ 代わり　　　④ わけ

(10) 弟の(　　　　)を思えばこそ、いやなことも言う。
　　① ため　　　② わけ　　　③ こと　　　④ ゆえ

(11) あの男がそんな小さなことでおこる(　　　　)はない。
　　① つもり　　　② 約束　　　③ たね　　　④ はず

(12) こんな(　　　　)ではとても大学にはいれません。
　　① 気　　　② 事実　　　③ こと　　　④ はなし

(13) 各家庭から出る(　　　　)は、毎週二回、市の清掃車が集めにきます。
　　① ほこり　　　② ごみ　　　③ ちり　　　④ くず

(14) 心配いりませんよ。お母さんの病気は(　　　　)のものではありませんから。
　　① 悪質　　　② 悪性　　　③ 悪口　　　④ 悪化

(15) ぼくが勉強している(　　　　)へ、友達が野球のさそいに来た。
　　① 時　　　② ところ　　　③ こと　　　④ 場合

(16) 中村君とは小さいころからの友達なので、お互い(　　　　)が知れている
　　間柄なんです。
　　① 気ばらし　　　② 気ごころ　　　③ 気がね　　　④ 気持ち

(17) それぐらいのことは、子供でも知っている(　　　　)です。
　　① こと　　　② の　　　③ はず　　　④ もの

(18) このすいかはわたしが今まで食べた(　　　　)で一番おいしかった。
　　① うち　　　② もの　　　③ やつ　　　④ の

(19) 親子は一緒に暮す(　　　　)と思い続けてきました。
　　① の　　　② はず　　　③ こと　　　④ もの

(20) どういう(　　　　)か山中さんは私をきらっています。
　　① わけ　　　② 理由　　　③ 事情　　　④ もの

02 :: 動詞

 文法説明 ● ● ● ● ● ● ● ● ● ● ● ● ● ●

❶ 動詞의 種類

◦ 動詞를 活用하는 方法으로 分類하면 다음의 5種類로 나눌 수 있다.

規則動詞 　・五段動詞　　：思う, わかる

　　　　　　　・上一段動詞：見る, 生きる

　　　　　　　・下一段動詞：受ける, 出る

不規則動詞 　・サ行変格動詞：する

　　　　　　　・カ行変格動詞：来る

◦ 五段動詞 : ① 語尾가「ル」가 아닌 모든 動詞　② 語尾가「ル」이지만 바로 앞

　　　　　　 音節이「イ」段이나「エ」段이 아닌 動詞

◦ 上一段動詞 : 語尾가「ル」이며 앞 音節이「イ」段인 動詞

◦ 下一段動詞 : 語尾가「ル」이며 앞 音節이「エ」段인 動詞

❷ 動詞의 音便

◦ イ音便

　語尾가「く・ぐ」인 動詞

　　吹く：吹いて, 吹いた, 吹いたり

　　泳ぐ：泳いで, 泳いだ, 泳いだり

◦ 促音便

　語尾가「う・つ・る」인 五段動詞

思う：思って, 思った, 思ったり

待つ：待って, 待った, 待ったり

変わる：変わって, 変わった, 変わったり

◦撥音便 (ン音便)

語尾가「む・ぶ・ぬ」인 動詞

読む：読んで, 読んだ, 読んだり

学ぶ：学んで, 学んだ, 学んだり

死ぬ：死んで, 死んだ, 死んだり

❸ 動詞의 活用形：未然形, 連用形, 終止形, 連体形, 仮定形, 命令形

① 飲まない。　飲もう。　　（未然形）

② 飲みます。　飲んだ。　　（連用形）

③ 飲む。　　　　　　（終止形）

④ 飲むとき、　　　　　（連体形）

⑤ 飲めば、　　　　　　（仮定形）

⑥ 飲め!　　　　　　　（命令形）

❹ 動詞의　可能形

① 五段動詞：歩く …… 歩ける, 飛ぶ …… 飛べる

② 上・下一段動詞：見る …… 見られる, 出る …… 出られる

③ サ変・カ変動詞：する …… できる, 来る …… 来られる

❺ おっしゃる, いらっしゃる, くださる, なさる

：五段動詞의 連用形과 命令形은 特殊한 活用

（連用形）　　　　　　　（命令形）

おっしゃ ┐　　　　　　おっしゃ ┐
いらっしゃ ├ います。　　いらっしゃ ├ い。
くださ ┐ った。　　　　くださ ┐
なさ ┘　　　　　　　　なさ ┘

❻ 動作의 進行과 状態

① 自動詞 ＋ ている……進行　ずっと雨が降っている。

② 自動詞 ＋ ている……状態　窓が開いている。

③ 他動詞 ＋ ている……進行　窓を開けている。

④ 他動詞 ＋ てある……状態　窓が開けてある。

❼ 自動詞로도 他動詞로도 사용되는 動詞

∘ 涙の出るほど笑う。　　　∘ 人の失敗を笑う。

∘ かさが開く。　　　　　　∘ 書物を開く。

∘ 風が吹く。　　　　　　　∘ 火を吹いておこす。

∘ 人口が増す。　　　　　　∘ 人手を増す。

∘ 水門が閉じる。　　　　　∘ 口を閉じる。

❽ ~てやる、~てもらう、~てあげる、~ていただく、~てさしあげる

∘「やる」보다 겸손한 말이「あげる」인데, 현대어에서「あげる」는 대등한 관계나 손아랫사람에게도 쓴다.

∘「さしあげる」는 윗사람에게 쓴다.

∘「いただく」는「もらう」보다 겸손한 말이다.

私は友達に本をおくってやりました。

私は山本さんに本を送ってあげました。

私は先生に本を送ってさしあげました。

兄に野球を教えてもらいました。

先生に野球を教えていただきました。

❾ 동사 — て : 나열, 원인, 이유

① 나열 : ご飯を食べてテレビを見ます。

② 원인, 이유 : 今日は2時間も歩いて足が痛いです。

- うそをつくことはよくないと私は思う。
- 宝くじが当たったってほんとうですか。
- いやなことは月日が経つにつれて忘れてしまう。
- その本を読みおわったら、貸してくれませんか。
- 客間の方から、楽しそうな笑い声がした。
- 夜はたいていテレビを見たり本を読んだりします。
- 友達はみんなラジカセをほしがっています。
- 彼は風景を描く画家として知られています。
- 今日も、昨日に劣らず暑い一日だった。
- この子のけなげな行為がおじさんの心にとまりました。
- よほど意志が強くなければ、時流にこびずに生きていくのは難しい。
- おじいさんは、孫が遊びに来ると、うれしそうに目じりをさげている。
- 一行は大きなヤシの木陰に入って、暑さをしのぎました。
- そんな誤りをするとは、彼は愚かであった。
- その知らせをきいて彼の母は非常に喜んだ。
- 私は前に渡し場を渡してくれた船頭に出会った。
- 私がうれしかったことに、彼は一等賞をとった。
- 9時にここに来ていただけませんか。
- 彼女にはじめて会ったのは、大学時代のことです。
- 彼女は歌手としてより俳優として知られています。
- 学校を卒業すると、親にたよることはできません。
- 子供は母に食べ物を食べさせられて泣いている。
- ひとりで外国生活をするには不便なことが多いのです。
- 彼は到着するやいなやまたもどって行けと言われた。
- 日本文化の形成に大きく寄与せざるを得なかった。
- あそこまで登りきれば、後はずっと下りだ。
- 聴衆は感激のあまり床を鳴らした。
- 大学に入学出来るよう心をこめてお祈りをする。
- 今度こそはうんと力を入れてがんばるのですよ。

- 暗いから、足もとに気をつけてください。
- この重い箱を運ぶのを手伝っていただけませんか。
- 彼らはあちらこちらさがしたが、やはり贈物は見付からなかった。
- きみはすぐ出かけるにこしたことはないと私は思う。
- 時間がありませんから、スピーチはひとり五分に限ります。
- 私はいつも両親と話し合いながら夕食をとります。
- 「もうそろそろ起きませんか。」と母が声をかけました。
- 新しい観光地として発展させていけばいいです。
- ぼんやりしていると先生の質問がよくわからない。
- 生徒は先生にしかられ、べそをかきながら教室へ帰ってきた。
- クリスマスの前日は市場や百貨店が活気づく。
- 話に角が立つ言い方をするのが彼女の悪いくせです。
- 夏やすみを控えているのに、お金がないんだ。
- 海外移住のモデル村などを検討しはじめている。
- 心の片隅で叫ぶ声がする。
- どうすれば、そんなに上手にしゃべれるのか。
- 豊かな社会などあり得ない。
- その風情は、色あせた木の枠の窓ガラスの家によく似合う。
- 裏通りにはとりすました顔がない。
- そんな裏道には日本独特の情緒があふれている。
- ほんとうの日本人の心が見えてくる。
- 桜の花が、風に乗って吹雪のように散っている。
- 今年になって、彼はいつも長袖のシャツを着ている。
- 一週間留守していたので、家中ほこりだらけになっていた。
- 彼女は、あっという間に、仕事を片付けてしまう。
- 小錦が相撲をやめることになって、ファンをがっかりさせた。
- 旅行に行くので一週間休ませてもらいました。
- ボーイフレンドは私に結婚を申し込み、私はすぐ返事をした。
- 私はもう年だから、そろそろ引退しようかと思っているんです。
- 秋に日光に行くときれいな紅葉が見られます。
- 昨日君が一緒に歩いていたあの美しい女性は一体誰なんだい。
- 雨が降り出さないうちに洗濯物を取り入れておいた方がいい。
- 知らない所をどんどん歩いているうちに見覚えのある所へ出た。

①くれました　②もらいました　③いただきました　④やりました　⑤あげました

1. (　　　) 속에 알맞은 말을 다음에서 골라 써넣으시오.(답이 두 개 일수도 있음)
   (1) 私は昨日妹にノートを買って来て(　　　　).
   (2) 山下さんは私に英語を教えて(　　　　).
   (3) 先生からいいこと教えて(　　　　).
   (4) おとうとは犬にえさを(　　　　).
   (5) 弟がわからなかったので、私が教えて(　　　　).
   (6) 私は弟に日本語を教えて(　　　　).

2. (　　　) 속에 「くる」, 「いく」, 「ある」, 「いる」 중에서 어느 하나를 골라 적당한 형태로 바꾸어 써넣으시오.
   (1) おもしろくなって(　　　　)ないうちにやめたのは残念でしたね。
   (2) 電話をかけて、行くと言って(　　　　)から、まっているだろう。
   (3) この時計はこわれて(　　　　)て使えません。
   (4) 毎日、1時間ずつ時間を決めて本を読んで(　　　　)つもりです。
   (5) 部屋にはかぎがかけて(　　　　)から、だいじょうぶだ。
   (6) この小説はこれからだんだんおもしろくなって(　　　　).
   (7) 雨がふって(　　　　)ましたから、早く帰りましょう。
   (8) 彼は、立って(　　　　)とする彼女の手をつかんで押し止どめた。
   (9) もう7時なのに、夏の空にはまだ明るさが残って(　　　　)た。
   (10) この書類は、もうすべて目を通して(　　　　)から、総務部の方へ
        回してくれ。

3. (　　　) 속에 알맞은 말을 골라 넣으시오.
   (1) 結婚式にふだんぎを着ていくのは、礼儀に(　　　　)いない。
       ① かなって　　② あって　　③ ふれて　　④ 接して
   (2) ほこりが(　　　　)ないように、カバーをかけましょう。
       ① かけ　　② かぶら　　③ ちら　　④ かから

(3) あの人はこのごろやっとまよいから（　　　　　）、おちついた生活にもどれた。
　　① さとって　　　② さめて　　　③ にげて　　　④ はなれ

(4) あまりたくさん入れたら、かばんの口が（　　　　　）なくなった。
　　① ふせが　　　② ふか　　　③ しま　　　④ しまら

(5) 部屋にとびこんできたカマキリに、思わず声を（　　　　　）しまった。
　　① だして　　　② して　　　③ なげて　　　④ あげて

(6) わが国が日本の技術水準に（　　　　　）ように私たち一人一人ががんばり
　　ましょう。
　　① 追いかける　　② 追いつける　　③ 遅れる　　④ のびる

(7) 自然を大切にしようという気運が（　　　　　）きています。
　　① 高まって　　　② 上がって　　　③ 登って　　　④ 伸びて

(8) 有名なお坊さんが（　　　　　）教えをまとめた本が出版された。
　　① 言った　　　② 話した　　　③ 説いた　　　④ 語った

(9) 兄はちょっとした失敗でもすぐ落ち（　　　　　）しまう。
　　① やって　　　② ついて　　　③ こんで　　　④ いて

(10) 大学時代、小説に夢中になって、小説なら何でもかまわず読み（　　　　　）
　　ものだ。
　　① つらぬいた　　② 通した　　③ ぬいた　　④ まくった

(11) 先生からフランス語を教えて（　　　　　）ました。
　　① くれ　　　② いただき　　　③ やり　　　④ あげ

(12) 一所懸命やってみましたが、日本語は勉強（　　　　　）するほど難しくなり
　　ます。
　　① すれば　　　② すると　　　③ したら　　　④ しれば

(13) ねずみはすばしっこくて、なかなか（　　　　　）ない。
　　① 捕まら　　　② 捕まえ　　　③ 捕まえられ　　　④ 捕め

(14) おたくのお子さんはとても賢くて（　　　　　）ますね。
　　① おり　　　② い　　　③ あり　　　④ いらっしゃい

(15) 話し手はこの手紙を青木君が（　　　　　）と信じている。
　　① 書く　　　② 書くだろう　　③ 書いた　　④ 書こう

MEMO NOTE

03 :: 形容詞・形容動詞

 文法説明 ● ● ● ● ● ● ● ● ● ● ● ● ●

❶ 形容詞의 名詞法

① 形容詞의 語幹은 그대로 名詞로 사용되기도 한다.
　　赤が勝って、白が負けた。

② 形容詞의 連用形은 名詞로 사용되는 일이 있다.
　　近くは見えるが、遠くは見えなくなる。

③ 形容詞語幹에 「さ」「み」「け」「げ」 등을 붙이면 名詞가 된다.
　　暑さ　寒さ　厚さ　重み　眠け　寒け　惜しげ　はかなげ

❷ 形容詞의 構成

① 単純形容詞……新しい　美しい　高い

② 接頭語 + 形容詞……こ高い　か細い　お早い　うすら寒い　す早い

③ 他品詞 + 接尾語……油こい　重たい　さし出がましい　しめっぽい

④ 名詞 + 形容詞 語尾……四角い　黄色い

⑤ 複合形容詞……うす暗い　細長い　赤黒い　太短い

❸ 形容詞로도 形容動詞로도 活用하는 語彙

細かい……細かだ　　　　　　あたたかい……あたたかだ
やわらかい……やわらかだ　　黄色い……黄色だ
四角い……四角だ

❹ 形容動詞語幹은 그 자체만으로도 사용될 수 있고, 名詞처럼 主語로 사용되는 경우도 있다.

おお、<u>静か</u>。

<u>正直</u>は人の宝である。

❺ 形容動詞語幹 ＋ 「さ」……名詞化

静かさ　　けなげさ　　りっぱさ　　にぎやかさ

❻ 形容詞 ― くて

① 나열 : この研究室は広くて静かです。

② 원인, 이유 : この研究室は広くていいです。

❼ 形容動詞 ― で

① 나열 : この辺は静かで、交通が便利です。

② 원인, 이유 : この辺は静かでいいです。

❽ 動詞連用形 ― やすい・にくい

食べやすい　　飲みやすい

食べにくい　　飲みにくい

❾ 기본 形容詞

多い 많다　　　　　少ない 적다

広い 넓다　　　　　狭い 좁다

軽い 가볍다　　　　重い 무겁다

強い 강하다　　　　弱い 약하다

難しい 어렵다　　　易しい 쉽다

細い 가늘다　　　　太い 굵다

薄い 얇다　　　　　厚い 두껍다

近い 가깝다	遠い 멀다
遅い 늦다	早い 이르다
暑い 덥다	寒い 춥다
涼しい 시원하다	暖かい 따뜻하다
熱い 뜨겁다	冷たい 차갑다
おいしい 맛있다	まずい 맛없다
明るい 밝다	暗い 어둡다
青い 파랗다	赤い 붉다, 빨갛다
おもしろい 재미있다	つまらない 재미없다
楽しい 즐겁다	辛い 맵다
優しい 상냥하다	甘い 달다
若い 젊다	速い 빠르다
かわいい 귀엽다	丸い 동그랗다
忙しい 바쁘다	危ない 위험하다
汚い 더럽다	痛い 아프다

❿ 기본 形容動詞

好きだ 좋아하다	嫌いだ 싫어하다
大好きだ 매우 좋아하다	大嫌いだ 매우 싫어하다
簡単だ 간단하다	複雑だ 복잡하다
便利だ 편리하다	不便だ 불편하다
上手だ 잘하다, 능숙하다	下手だ 서툴다, 못하다
立派だ 훌륭하다	嫌だ 싫다
結構だ 훌륭하다	静かだ 조용하다
十分だ 충분하다	暇だ 한가하다
丈夫だ 튼튼하다	にぎやかだ 번화하다, 떠들석하다
元気だ 건강하다	大切だ 중요하다
心配だ 걱정스럽다	大丈夫だ 괜찮다
大変だ 큰일이다, 힘들다	まじめだ 성실하다
親切だ 친절하다	きれいだ 예쁘다, 깨끗하다
ハンサムだ 잘생기다	有名だ 유명하다

基本文　● ● ● ● ● ● ● ● ● ● ● ●

- 三日風呂に入らないと背中がむずがゆい。
- そんなみじかいスカートは主婦にはおかしいわ。
- もう少しひらたく説明していただけませんか。
- その子のあわれな様子は見るにしのびない。
- 彼女とはこころやすくつきあっています。
- 勝つには勝ったが、判定はきわどかった。
- 秋田犬は大きいがとてもおとなしい。
- 彼はかんじょうだかいからただでは働かない。
- きみはそれが好きなのかどうか、私にはわかりません。
- これまでのことは忘れ、心を新たにして再出発しなさい。
- 私たちにとっては、日本語もむずかしい外国語です。
- さむいばかりでなく、川の水がこおってしまった。
- 秋のカラカラした空気はほんとうに気持がいい。
- うちの井戸の深さは十メートルもあります。
- 大いに朗らかに笑おうじゃありませんか。
- 冬になると青い野菜が不足しがちです。
- 今日はからりと晴れてのどかな春びよりです。
- 夜おそく電話をかけられてたいへんめいわくでした。
- 彼はきょうは珍しく嬉しそうな顔をしています。
- 世の中には暑い国もあれば、寒い国もあります。
- 作文が上手にできれば、会話も上手になるものです。
- 自分がうけ持った責任はすばやく果たすべきである。
- 暖かな春の日ざしがへやの中にさしこんでいる。
- 彼は初対面の家へずうずうしく上がりこんだ。
- 彼は美男でなだかい作家の息子だ。
- 今年は例年に比べて生産の伸びがにぶい。
- この服はうちの母にはちょっとはでだ。
- たいていの男性はふくよかな女性が好きだ。
- 最近の若者はまるっこい字を書く。

- 最近交通違反の取り締まりがゆるやかになった。
- こんなりっぱな物をいただいて恐縮です。
- 手がかりはわずかしか残されていなかった。
- お得意様を怒らせるなんてばかなまねはするな。
- この子はなまいきでかわいくない。
- 先生の御恩はあだやおろそかにはできません。
- じきに彼女は仕事がいやになった。
- 残念なことに休みはあまりにも早くすんでしまった。
- たいへん静かだったので、ピンが落ちてもその音が聞こえるほどであった。
- いやしくもする以上は、すぐにしなければならない。
- そちらはぎらぎらとてりつけるまなつでしょうか。
- 自分の子が一番いい大学へ入ったと言って、鼻を高くしている。
- 他人に迷惑をかけるようなことはしないように努めよう。
- 日本語における彼の才能は実にすばらしいものだ。
- となりの家からやっかいないいがかりをつけられた。
- 秋になると、葉が黄色くなる木と、赤くなる木とがあります。
- この天気では、登山はあきらめた方が無難なようだ。
- このコーヒーは苦いばかりでおいしくない。
- この頃は、暑かったり寒かったりするので、着る服に困ります。
- 母のいれてくれるコーヒーは濃かったり、薄かったりする。
- 彼は強がっているけれども、実は心配でたまらない人ですよ。
- いいワープロを秋葉原あたりで安く買いたい。
- いい辞書が欲しくて、ずいぶんあちこちで探したが、見つからない。
- ゴルフをしながら仕事をまとめて来るとは抜け目がない。
- 私は血のめぐりが悪いから、丁寧に説明してください。
- このセーターは編目があらいからあまり暖かくない。
- 被害を受けた人々に対して厚い同情が寄せられた。
- 身分や地位が低いからと言って、人間の価値が低いわけではない。

1. 아래에서 알맞은 단어를 골라 그 活用形을 적당한 형태로 바꾸어 (　　　　)
   속에 써 넣으시오.

忙しい	にくらしい	得意な	積極的な
しどろもどろな	親密な	いい	敏感な
厳しい	等しい	欲しい	ぴったりな
弱い	申し訳ない	慣れっこな	はげしい
おかしい			

(1) まずい食事には(　　　　　)なっている。

(2) 彼の目には私が(　　　　　)映るんだろうな。

(3) 二辺の長さが(　　　　　)三角形を、二等辺三角形といいます。

(4) 私は風邪をひきやすい体質で、寒さにとても(　　　　　)です。

(5) 食料品が高くなって生活が(　　　　　)なった。

(6) 私は人の前で話をするのはあまり(　　　　　)ではありません。

(7) 友だちのカメラを見て、私も(　　　　　)なりました。

(8) 雨はやむどころかますます(　　　　　)なってきました。

(9) 彼のあわてた様子が(　　　　　)たのでみんな笑いころんでしまいました。

(10) 住民の反対にもかかわらず、市長は原子力発電所の誘致に(　　　　　　)
    でした。

2. (　　　　　) 속에 알맞은 말을 골라 넣으시오.
   (1) (　　　　　)仕事でも生きるためにはやるしかない。
      ① つよい　　② つらい　　③ にくい　　④ からい
   (2) 山田さんは仕事が(　　　　)ので、みんな助かっています。
      ① さしてがましい　　② かぼそい　　③ しめっぽい　　④ はやい
   (3) ここは落ち着かないから、(　　　　)図書館でゆっくり本を讀んでくるよ.
      ① 静かな　　② 美しい　　③ まじめな　　④ やかましい
   (4) 待ちかねた桜の花が(　　　　)咲きそろった.
      ① きれいに　　② 新しく　　③ 小さく　　④ 細かに

(5) 好きなことのためなら、いくら金を出しても（　　　　）はない。
　　① 憎い　　　　② 欲しく　　　③ 惜しく　　　④ つまらなく

(6) これは、中学生にとっては、（　　　　）小説ではない。
　　① 簡単な　　　② たやすい　　③ きびしい　　④ 易しい

(7) 呉服屋の娘さん、本当に（　　　　）ほどの美人だねえ.
　　① みすぼらしい　　② にくらしい　　③ にくい　　　④ みにくい

(8) 踏まれても、汚れても、力強く咲く野の花の（　　　　）よ.
　　① にくさ　　　② 苦しさ　　　③ けなげさ　　④ 重さ

(9) この子は小さいときから両親にあまやかされて（　　　　）育った。
　　① 小さく　　　② こまかく　　③ 細く　　　　④ ひよわに

(10) 山下さんは（　　　　）ように見えるが、学校での成績があまりよくない。
　　① まじめで　　② まじめ　　　③ まじめだ　　④ まじめな

(11) 午前中はかなり（　　　　）市場が午後四時ごろになってにぎやかになってきた。
　　① 静かだった　② 静かなのに　③ 静かで　　　④ 静かな

(12) （　　　　）かっこうをしているが、あの男はあんがい金をもっているらしい。
　　① みすぼらしい　　② まずい　　③ りっぱな　　④ のどかな

(13) おれいをいただくなんて（　　　　）ことです。
　　① 固くない　　② 新しくない　③ こ高くない　④ とんでもない

(14) 彼はいつも（　　　　）はたらく立派な人です。
　　① 簡単に　　　② まじめに　　③ りっぱに　　④ にぎやかに

(15) 銀行でお金を借りるのに、こんなに（　　　　）手続きがいるとは思わなかった。
　　① みっともない　② わずらわしい　③ にくらしい　④ おそろしい

(16) 話し合っていても（　　　　）がない。投票で決めよう。
　　① きめ　　　　② きり　　　　③ 決定　　　④ 定め

(17) 岡田選手は（　　　　）が悪くて新記録が出ませんでした。
　　① 心　　　　　② 気持ち　　　③ 調子　　　④ 気分

(18) この作品は非のうちどころが（　　　　）くらい立派です。
　　① ない　　　　② よい　　　　③ いい　　　④ 強い

(19) グループ全員におごってくれるなんて彼は（　　　　）がいい。
　　① 気持ち　　　② 気　　　　　③ 気分　　　④ 気前

(20) あんなに活躍した人なのに、この頃影が（　　　　）ですね。
　　① 薄い　　　　② 弱い　　　　③ 強い　　　④ 黒い

MEMO NOTE

04 :: 連体詞・感動詞

 文法説明 ● ● ● ● ● ● ● ● ● ● ● ● ●

❶ 連体詞의 種類

(1) 「の」로 끝나는 것

この(이)　　その(그)　　　あの(저)　　　どの(어느)

ほんの(아주 약소한)　　　例の(예의)　　　くだんの(예의, 그)

　。あのかばんはだれのですか。

　。ほんのちょっとしたゆだんから大火事になってしまった。

(2) 「る」로 끝나는 것

ある(어떤)　　　　あらゆる(모든)　　　　いわゆる(소위)

あくる(다음)　　　きたる(오는)　　　　さる(지난)

いかなる(어떠한)　　おもわざる(뜻하지 않는)

　。それはある日のことでした。

　。たとえいかなる事情があろうとも。

(3) 「な」로 끝나는 것

おおきな(큰)　　　　ちいさな(작은)　　　いろんな(여러가지)

おかしな(이상한)

　。あそこにおかしな人がいます。

　。植物園にはいろいろな色の花があります。

(4) 「た・だ」로 끝나는 것

　　たいした(대단한)　　たった(단지, 겨우)　　とんだ(뜻밖의)

　　。たった二千円ではこの本は買えない。

　　。彼女ととんだところで出会ってしまった。

(5) 그 밖의 것

　　わが(우리의, 나의)

　　。人から質問されたことをわが事のように熱心に調べた。

❷ 連体詞와　形容詞

　　<u>小さな</u>花　　<u>大きな</u>木　　<u>おかしな</u>人　……　連体詞(無活用)　……　主観的
　　<u>小さい</u>花　　<u>大きい</u>木　　<u>おかしい</u>人　……　形容詞(有活用)　……　客観的

❸ 感動詞의　種類

(1) 感動 ……………… あら(어머!)、おや(어머나! 야!)、さあ(글쎄!)、ええ(예!)、
　　　　　　　　　　 ほら(이봐!)、やあ(야!)、それ(야!)、やれやれ(어휴!)、うん(음!)、
　　　　　　　　　　 まあ(어머!)、あらまあ(어머나!)

　　　　　　　　　<u>まあ</u>、この花の美しいこと。
　　　　　　　　　<u>うん</u>、これはしまった。
　　　　　　　　　<u>おや</u>、おかしいぞ。

(2) 呼びかけ ……… おい(이봐)、こら(야)、やあ(야)、あのね(저기요)、これ(이봐)、
　　　　　　　　　 それ(야)、どれ(어디)、よう(야)

　　　　　　　　　<u>もしもし</u>、田中さんですか。
　　　　　　　　　<u>おい</u>、ちょっと待って。

(3) 応答 …………… はい(예)、いいえ(아니오)、うん(응)、いや(아니)、ああ(아아)、
　　　　　　　　　 ええ(예)、なに(뭐)

　　　　　　　　　<u>はい</u>、わたしは田中ですが。

<u>ええ</u>、やります。

(4) あいさつ .... おはようございます(아침인사)、こんにちは(낮인사)、

こんばんは(저녁, 밤인사)、さようなら(작별인사)、

ありがとうございます(감사인사)、ごめんください(방문인사)、

どういたしまして(천만의 말씀)

「おはよう」「こんにちは」「こんばんは」「さようなら」

❹ 感動詞와 他品詞

(1) ⓐ <u>ああ</u>、うれしい。青空になったわ。　(感動詞)

　　ⓑ <u>ああ</u>ひどいことをするとは思わなかった。(副詞)

(2) ⓐ <u>それ</u>、引け、やれ引け。　(感動詞)

　　ⓑ <u>それ</u>きれいな花でしょう。(代名詞)

- いかなる国にも主権があります。
- 父がなくなったあくる年上京しました。
- いかなる犠牲を払ってもやり遂げる。
- もしもし、山田さんのお宅ですね。
- はい、こちらもあいかわらず元気です。
- やあ、これはこれは、本当にひさしぶりですね。
- またとないこの機会をのがしてはいけない。
- うん、でも、二、三日もすれば治るよ。
- はい、私に勉強部屋があるなんて夢のようです。
- うん、どうしても上手にならないね。
- 彼はちょっとした財産を持っている。
- なんでもないことにそう腹を立てることもあるまい。
- さ、どんなお話ですか。聞かせてください。
- さ、それは私にもよくわかりません。
- それ、またサイレンがなっている。
- そら、8時だ。急がないとおくれちゃう。
- この夏休みのある日、ぼくは叔父さんの家へ行った。
- ふたりは不愉快な話をしたにちがいない。
- 平和はあらゆる国民の願いである。
- あらゆる手を尽くしたんですが、だめでした。
- 私がはじめて彼女に会ったのは私がほんの子供のころでした。
- かかる事態をまねいた責任は、わが社にあります。
- 母のひざもとで彼は必要なことは何でも学んだ。
- ぼく、あの、あなたが好きなんです。
- ねえ、土曜日に映画につれていって。
- ええ、さっそくあなたのおっしゃるようにしましょう。
- あの、東京までの運賃はいくらですか。
- これはこれは、ようこそおいでくださいました。
- ええ、それにまた、深い意味を含んでいますよね。

- よしよし、そんなものくらいお父さんが作ってあげるさ。
- まだほんの子供ですから、わかるはずがありません。
- 世界のあらゆる国を見て歩きたい。
- 山田君のような人が、いわゆる物知りだ。
- 山登りをしたあくる日、足がいたくてこまった。
- きたる五月十七日に、子ども会をひらきます。
- これはたいした発見です。
- たった今、電車は発車してしまった。
- その母は、わが身のきけんをもかえりみずに、火の中にとびこんで、子どもを助けた。
- おいおい、そこを通ってはだめだ。
- ええ、そんなことがあったのですか。
- お元気ですか? ええ、おかげさまで。
- どれ、今日ならったところを読んでごらん。聞いてあげよう。
- たいした怪我じゃなくて、よかったですね。
- プロ野球チームのいわゆる外人輸入について、どうお考えですか。
- 一口にワープロと言っても、いろんな種類があります。
- この間お宅からいただいた、あのお菓子、とてもおいしかったです。
- 秀樹君たら、すごい車、買ったんだよ。僕もあんなの、ほしいなあ。
- 永井さんはこの間来たけど、その時に髭を生やしていたかどうか気が付かなかったわ。
- くだんの話で、ちょっとご相談したいと思いますが、よろしいでしょうか。
- お酒をほんの少し飲んだだけなのに、顔が真っ赤になった。
- 彼はおかしな恰好でわれわれの前に現われた。

1. 아래에서 적당한 것을 골라 (   ) 속에 적어 넣으시오

いわゆる　　さる　　きたる　　たいした　　わが　　あらゆる

(1) (　　　　　)四月一日に入学式を行うつもりである。

(2) (　　　　　)国も世界の油類騒動に巻きこまれる。

(3) 暇さえあれば本を読んでいる(　　　　)本の虫というのがあいつだ。

(4) ノーベル賞をもらったんだから、あの人は(　　　　)学者だ。

(5) (　　　　)十五日に偶然道で小学校時代の友達に出会った。

(6) この問題を(　　　　)角度から検討してみましょう。

2. 적당한 것을 골라 (   ) 속에 넣으시오

やあ	もしもし	はい	ああ	こら
ある	大きな	小さな	あらゆる	去る

(1) (　　　　) 手段をこころみた。

(2) (　　　　)、それで結構です。

(3) (　　　　)、きれいだなあ。

(4) (　　　　)、やめろ。

(5) (　　　　) 一日に彼は行きました。

(6) (　　　　)、田中さんのお宅ですか。

(7) (　　　　)意味ではそれは正しい。

(8) 彼はとても(　　　　)家に住んでしる。

(9) どんな人にも、(　　　　)夢というものがある。

(10) (　　　　)、承知した。

3. (   ) 속에 알맞은 말을 골라 넣으시오

(1) それは本当に(　　　　)ことですね。

　　① おかしな　　　② どんな　　　③ ある　　　④ あらゆる

(2) (　　　　)分野の勉強をしました。

　　① どの　　　　② 小さな　　　③ 何の　　　④ あらゆる

(3) ほんの冗談のつもりだったのに、これは（　　　　　）ことになったぞ。

　　① とんだ　　　② へんな　　　③ たった　　　④ 去る

(4) 考えてみると、これは（　　　　）問題ではない。

　　① おもわざる　　　② ほんの　　　③ いろんな　　　④ たいした

(5) （　　　　）ちょっとしたゆだんから大火事になってしまった。

　　① とんだ　　　② ほんの　　　③ きたる　　　④ わが

(6) 私は（　　　　）今おきたばかりで、顔もあらっていません。

　　① ちょっとした　　　② さる　　　③ たった　　　④ あくる

(7) （　　　　）事態にも動じてはならない。

　　① いかなる　　　② たった　　　③ ほんの　　　④ 例の

(8) （　　　　）、もう8時だ。急がないとおくれちゃう。

　　① もしもし　　　② おや　　　③ やあ　　　④ はい

(9) （　　　　）、しばらくでしたね。

　　① ええ　　　② うん　　　③ やあ　　　④ おや

(10) （　　　　）、お願いだから、ちょっと静かにしてよ。

　　① おお　　　② もしもし　　　③ ええ　　　④ ねえ

(11) きみ、こんどの日曜日にぼくと映画館に行こうよ。（　　　　）、そうしよう。

　　① うん　　　② いや　　　③ なに　　　④ どうぞ

(12) 昔、（　　　　）ところにおじいさんとおばあさんがいました。

　　① とんだ　　　② 例の　　　③ あらゆる　　　④ ある

(13) （　　　　）日曜日に行われるはずだった運動会は途中で中止になった。

　　① さる　　　② ある　　　③ きたる　　　④ あくる

(14) 彼は（　　　　）腕前を持っている人です。

　　① 大きな　　　② 小さな　　　③ たいした　　　④ おかしな

(15) このような賞をいただくのは（　　　　）喜びです。

　　① 大きな　　　② たいした　　　③ 小さな　　　④ へんな

MEMO NOTE

05 :: 接続詞〈I〉

 文法説明 ● ● ● ● ● ● ● ● ● ● ● ● ● ●

❶ 接続詞의 種類

(1) 順接 …… それで、そこで、すると、だから、したがって、ゆえに、それゆえ

(2) 逆接 …… が、だが、けれども、しかし、ところが、だけど、でも、しがしな
  がら

(3) 並立・累加 …… および、また、ならびに、そして、それから、そのうえ、
  それに、なお

(4) 説明・補充 …… つまり、すなわち、要するに、たとえば、なぜなら

(5) 転換 …… さて、では、ときに、ところで、それでは

(6) 対比・選択 …… または、あるいは、もしくは、それとも、そのかわり、
  一方、まして

❷ 혼동되기 쉬운 接続詞

(1) ① 山また山を越えて行く。(接続詞)
    ② きょうもまた山を越えて行く。(副詞)

(2) ① 計算はそれに書きなさい。(代名詞＋助詞)
    ② 計算はむずかしい、それに時間が不足だ。(接続詞)

(3) ① 頭はいいけれども、軽はずみだ。(助詞)
    ② 金はある。けれどもひまがない。(接続詞)

(4) ① この仕事だけ<u>でも</u>早く済ませたい。(助詞)

② <u>でも</u>、私に話してくれればよかったのに。(接続詞)

(5) ① 申し込みはあす<u>で</u>締めきる。(助詞)

② 会議は九時からはじまりました。<u>で</u>、どんなことが決まりましたか。(接続詞)

❸ 「そして」「それから」「それに」「その上」「しかも」

(1) 「それから」는 話題가 이동할 때 사용되고, 「そして」는 하나의 話題에 관해서
말할 때 사용된다.

◦絵の上手な人とそれから歌のうまい人が欲しい。

◦絵が上手で、そして歌のうまい人が欲しい。

(2) 「そして」는 理由・結果와 같은 관계도 연결시킬 수 있지만, 「それから」는
그렇지 못하다.

◦家に帰って、それから勉強した。

◦熱心に勉強した。そしてついに合格した。

(3) 「それに」、「その上」、「しかも」는 주관적인 意志랑 命令文에는 사용되지
못한다.

◦食事をし、それから散歩に出よう。

◦学校へ行こう。そして勉強をしよう。

◦今週中にそれを完成しなさい。しかもそれを一人でしなさい。(×)

◦今週中にそれを完成しなさい。しかも一人でしなさいと言うのだ。

(4) 「ゆえに」、「それゆえ(に)」는 句와 句、文과 文을 연결한다. 原因、結果를
나타내는 文語的表現<u>으로</u> 数学、哲学、論文 등에서 사용된다.

◦三つの辺が等しい。ゆえに三角形ABCは正三角形である。

◦人間は直立歩行し、火と道具を使うことを覚えた。それゆえに、他の動物と
は異 なる道を歩むこととなった。

(5) 「なぜなら(ば)」、「なぜかと言えば」、「なぜかと言うと」는 추상적인 사항이랑 의견에 대해서 사용하는 경우가 많고 가벼운 会話에서는 별로 사용하지 않는다. 「なぜかと言うと」、「なぜかと言えば」는 구두표현에 사용된다.

- 出発は見合わせるべきだ。なぜなら台風が接近しているからだ。
- 皆が車を買うけれど、私はいらないと思う。なぜかと言えば東京は電車や地下鉄が非常に発達しているし、道路はいつも込んでいるし、駐車する場所もないしね。
- 夏はさしみは食べないことにしているんです。なぜかと言うと、ずいぶん前ですが一度食中毒をしたことがあって…。

- 雨が降って来た。そして風も吹いて来た。
- 数学の試験問題は難しくしかも数が多かった。
- あの人の部屋にはテレビ・ピアノ、それからステレオもある。
- ところで、君の弟さんは高校へあがるだろう。
- ゆうべはつかれていて、とてもねむかった。そこで、おふろにはいってからすぐねてしまった。
- どうすればよいのか、ぼくひとりではわかりません。それで今日はご相談にうかがったのですが。
- それではまた会いましょう。さようなら。
- 天気が悪かった。それでも彼らは出かけて行った。
- どうしてご飯を食べないの。おいしくないの。それとも体でも悪いの。
- 今日は風邪をひいています。それに頭も痛いので、行くことができません。
- ちょっと紙を買って来てください。それからえんぴつも。
- 私は京都に行きたい。しかし、ひまがないので行けない。
- 富士山は高くて、しかも美しい山だ。
- 約束の日もすぎたのに、しかも返事がない。
- 山田先生、並びに夫人は、英語学会に出席のため、イギリスへ向かった。
- 手紙もしくは電話でご返事いたします。
- 時に、おにいさんは今どうしていらっしゃいますか。
- ところで、あなたのお考えをうかがいたいのですが。
- 試合に勝てなかったのは、要するに、練習がたりなかったからだ。
- 少しぐらいなら大丈夫だろうという気持ち、これがすなわち油断というものだ。
- 戦争は終わった。しかし平和はまだおとずれてこなかった。
- その方はぼくの父の弟である。つまり、ぼくのおじである。
- 勉学に励み、なおかつスポーツにも大いに活躍することが望ましい。
- 彼はぼくの母の弟の子供だ。つまり彼とぼくとはいとこどうしだ。
- 曲がったきゅうりは安い。ところが、買う人は少ない。
- 新聞はいかなる場合にも正確かつ迅速な報道が期待される。
- ぼくは、魚つりが好きです。だから、たまに川へ魚つりに行きます。

- なべに水を入れます。さてそこで、そのなべを火にかけて10分ぐらい熱します。
- あの人は医者であり、また大学の先生でもある。
- 試験をうけるか、またはリポートを出すかしなければならない。
- スポーツ、例えばテニスや野球などをなさいますか。
- 兄は英語も話せるし、おまけにフランス語もできます。
- 洋食かあるいは和食か、どちらかをお選びください。
- 入賞できればうれしいが、それはさておき、代表に選ばれただけでも光栄です。
- この天候では、先へ進むよりむしろ引き返すべきだ。
- 大学に行こうか、それとも就職しようかと今迷っています。
- この部屋にはカーテン、家具、電話、それにテレビまで付いている。
- 洋服もくつもかばんも新しくして、そのうえ帽子まで買ってもらった。
- 税制改革は緊急かつ重要な課題であり、審議を急がねばならない。
- 詳しく作り方を教えていただき、また材料も分けていただきました。
- 真面目に働いている。それなのに、生活はいっこう楽にならない。
- 電車は三十分もおくれて到着した。だが、乗客は文句も言わず待っていた。

1. 다음에서 적당한 것을 골라 (   ) 속에 넣으시오

さて	および	すると	たった	ただし
しかも	ところで	でも	それとも	

(1) 校庭を使ってもよい。(   )教室に入ってはならない。

(2) 私は野球ができない。(   )見るのはすきだ。

(3) 電車で行きますか、(   )バスで行きますか。

(4) 五年生(   )六年生は、校庭に集まりなさい。

(5) 彼女は美しくて、(   )親切な人だ。

(6) (   )、おとうさんはお元気ですか。

(7) 学校についての話はこのへんでおわりにします。

　　(   )次に、私の生活についてお話を進めたいと思います。

2. 올바른 것을 고르시오

(1) 物価は上がる一方だ。(だが、ですが)、給料は全然上がらない。

(2) 失敗は誰にでもあるからしかたがない。(ところが、しかし)、反省しない
　　のは困ったことだ。

(3) 彼は運動家であるし、(また、なお)勉強家だ。

(4) 道は遠い。(その上、けれども)歩かねばならない。

(5) 計算はむずかしい。(それに、つまり)時間が不足だ。

(6) 百点か。(すると、そこで)、きみは一位になるよ。

(7) 外国人であるが(ために、ゆえに)そんなあつかいを受けるのはざんねんである。

(8) 成績がよくないということは、(つまり、なお)勉強をなまけたということだ。

(9) 試合に勝てなかったのは、(要するに、それとも)練習がたりなかったからだ。

(10) ぼくが持ち上げることができないものを、(しかし、まして)弟が持ち上げ
　　られるはずがない。

3. (   ) 속에 들어갈 가장 알맞은 말은?

(1) よく晴れて雲もなく(   )風のおだやかな朝だった。

　　① でも　　　　② そして　　　③ しかし　　　④ そこで

(2) まっ暗で、(　　　　)人っ子一人通らない道だった。
　　① しかも　　　② かえって　　③ かつ　　　④ しかし
(3) 新聞・雑誌(　　　　)、テレビ・ラジオから情報を得る。
　　① しかも　　　② それで　　　③ それから　　④ あるいは
(4) 今月末か(　　　　)来月初旬に実施する。
　　① もしくは　　② ときには　　③ そして　　　④ ついで
(5) 小学校、(　　　　)中学校を義務教育とする。
　　① ゆえに　　　② ならびに　　③ または　　　④ さらに
(6) こんな大きな水たまりに気がつかなかったとは、(　　　　)私はぼん
　　やりしていたのだ。
　　① ないしは　　② 一方　　　　③ やはり　　　④ しかも
(7) トンネルを出た。(　　　　)、左から突風が吹きつけてきた。
　　① では　　　　② すると　　　③ ところが　　④ それに
(8) 今度は合格するだろうと思っていた。(　　　　) だめだった。
　　① それに　　　② ところが　　③ そして　　　④ それとも
(9) 日本語を習うのがすきですか。(　　　　)きらいですか。
　　① そこで　　　② そして　　　③ それとも　　④ それでは
(10) 姉は病気でねています。(　　　　)、私がかわりに行きました。
　　① そのうえ　　② そこで　　　③ それから　　④ それとも
(11) 説明を何度も読み返しました。(　　　　)やっと分かりました。
　　① それから　　② その上　　　③ しかも　　　④ そして
(12) いつもよく働くが、(　　　　)夢中になって遊ぶこともある。
　　① また　　　　② かつ　　　　③ および　　　④ ならびに
(13) この場所で物を売買すること(　　　　)宣伝することは禁じられている。
　　① および　　　② かつ　　　　③ それから　　④ おまけに
(14) 林の中を歩いていた。(　　　　)向こうから誰かやってきた。
　　① それでは　　② そこで　　　③ そして　　　④ すると
(15) その問題なら、田中さん(　　　　)山本さんがよく知っています。
　　① しかも　　　② それとも　　③ あるいは　　④ それに

MEMO NOTE

06 :: 接続詞〈II〉

文法説明　●　●　●　●　●　●　●　●　●　●　●　●　●

※　체크 포인트

(1)「~が　~しかし」(○)、「~が　~けれども　(ところが)」(×)

　　◦いっしょうけんめいに勉強しているが、しかし、そのわりに成績はよくならない。

　　◦いっしょうけんめいに勉強しているが、けれども(ところが)、そのわりに成績はよくならない。(×)

(2)「けれども」랑「が」는　会話에서 文 끝에 붙여, 확실히 말하는 것을 피하는 기분을 나타낸다.

　　◦こんな時にあの人がいてくれるといいけれども、……

　　◦今日先約があるんですが、……

(3)「ところが」는 後件에 의문사랑 의지표현을 허용치 않는다.

　　◦先生も知らないかもしれない。しかし(けれども. が)、たずねてみよう。

　　◦先生も知らないかもしれない。ところが、たずねてみよう。(×)

　　◦はれていたのでせんたくをしました。ところが、急に雨が降り出しました。

(4)「すると」뒤에는 의지적 사항이 올 수 없지만, 「そこで」뒤에는 올 수 있다.

　　◦もう時間がない。そこで結論を急ごう。

　　◦門をたたいた。すると娘が出て来た。

(5) 「そこで」는 前件이 理由를 나타내지 않을 때도 사용되지만, 「それで」는
    前件이 理由를 나타내지 않을때는 사용되지 않는다.
    ◦事故があった。それで(そこで)遅刻した。
    ◦前奏が終わったら、そこで歌い始めて下さい。

(6) 「それで」는 文末에 形容詞를 사용할 수 있지만, 「そこで」는 사용할 수 없다.
    ◦お酒を飲みすぎてしまった。それで頭が痛い。
    ◦お酒を飲みすぎてしまった。そこで頭が痛い。(×)

(7) 「だから」는 원인・이유를 적극적으로 나타내지만 「それで」에는 적극적인
    의미는 없다.
    ◦彼は怠けものだ。だから失敗した。
    ◦風邪をひいた。それで休んだ。

(8) 「それでは」는 상대의 이야기를 듣고 자신의 의견이랑 판단을 나타내는데 비해,
    「それで」는 상대의 이야기를 재촉할 경우 사용한다.
    ◦「すばらしい観光地だというから行ってみたんだ。」「それでどうだった?。」
    ◦「あの人はキリスト教徒だそうですよ。」「それではお酒は出さないほうがいい
      でしょうね。」

(9) 「および」、「ならびに」는 名詞와 名詞를 연결하고 사물을 나열할 때 사용되며,
    文語的表現으로 評論, 論説 등에 사용되는 딱딱한 표현이다. 「ならびに」는
    「および」보다도 더욱 文語的이고 딱딱한 표현이다.
    ◦最近海外で、韓国及び韓国人についての関心が高まっているようです。
    ◦歴史的建築物ならびに伝統的美術工芸品の保存に尽した。

(10) 「さらに」、「おまけに」는 句와 句, 文과 文을 연결하고, 前件에다가 後件을
    부과하는 표현이다. 「おまけに」는 「さらに」보다 스스럼없는 표현으로 前件과
    後件은 같은 평가를 받아야한다.
    ◦大学を卒業してから、さらに大学院に進んで研究を続ける人もいる。
    ◦冷たい風の吹く寂しい夜であった。おまけに雪もちらちらしていた。

- 妹は38度熱があった。でも試験があるといって学校へ出かけた。
- 彼は不幸なことに、目が見えず、それに耳まで聞こえない。
- ペンもしくは鉛筆で、はっきり自分の名前を書きなさい。
- 住所・氏名ならびに電話番号を明記すること。
- わざとやったんじゃないだろうが、それにしても腹が立つ。
- 必ず来ると約束をした。だが、来なかった。
- けれども、それから私は、先生のお言葉どおりにしてみました。
- 物価はあがった。しかし、月給はあがらない。
- 君の気持ちはよくわかった。しかしながら君ひとりのために規則を変えることはできない。
- きのうデパートへ行きました。ところが、デパートは休みでした。
- それで今は、前よりも字が上手にかけるようになりました。
- おじいさんが竹を二つにわりました。すると、中からかわいい女の子が出てきました。
- 今月は父からまだお金が来ない。そこで、君におねがいするのだが、一万円ぐらいかしてくれないか。
- 夏休みがおわって、今日から学校が始まりました。だから、けさはバスがこんでいるのでしょう。
- 先月は、大学の授業料、アパートのへや代などで、お金がたくさんかかりました。それで母に電報を打って、またお金をおくってもらいました。
- 私は山田です。今日からみなさんと一緒に勉強することになりました。それでは、テキストの30ページをひらいてください。
- あの人は顔が美しいだけではない。頭もいい。それに心も親切だ。だからぼくはあの人が好きになったのです。
- きょうはあたたかな一日でした。だが、あすからはまたさむくなるそうです。
- 自転車及び自動車の通行を禁止します。
- 国語、社会、並びに数学の教科書を出版している。
- あなたの言いたいことは、つまりこうなんでしょう。
- 体に害のあるもの、例えばさけやたばこはのまないほうがいいですね。

- 出かけるのはやめたほうがいい。なぜならあしたは雨が降るそうだから。
- 時に、お兄さんは今どうしていらっしゃいますか。
- ゆうべは頭がいたくて早くねてしまった。でも、宿題はやったよ。
- 外国へ行って勉強する人、すなわち留学生は、毎年ふえる一方だ。
- ちょっとした違反で巡査に叱られ、おまけに罰金まで取られた。
- ちっとも寒くはありません。それどころか走ってきたので汗ばむほどです。
- 日本では終身雇用制が普通だ。だから、みな会社のために一生懸命に働く。
- 昔は女性に生まれたがゆえに、教育も受けられない人が多かった。
- 救急車が近づいて来た。そこで、ドライバーは道路の端に寄って停車した。
- あの社長はなかなか頑固者らしい。それで周りの人間は困っているようだ。
- この仕事を一日で仕上げるのさえ大変なのに、まして三時間で終わらせるというのは無理だ。
- 今日は出かけてはいけません。だってあなたは風邪をひいているんだから。
- 皆は恐怖のため立ちすくんだ。が、彼一人は何事もなかったかのように歩き続けた。
- 酔っぱらいが若い女性にからんだ。だが、誰一人注意しようとしなかった。
- ゆうべは頭が痛かったので早く寝てしまった。でも、たっぷり寝て、すっきりしたよ。

1. 다음에서 적당한 것을 골라 (   ) 속에 넣으시오

むしろ	というよりは	そして	それから
それに	代わりに	その代わり	その上
しかも	それで	すると	

(1) 彼女は赤信号を無視して道路を渡った。(   )巡査の目の前でだ。

(2) そんなに遅れて行くのなら、(   )欠席した方がましだ。

(3) 色も形もはなやかで、文房具売場(   )まるでおもちゃ売場だ。

(4) ぼくは理科よりは、(   )社会科がすきだ。

(5) わたしの部屋はあかるく、(   )、たいへんひろい。

(6) 今日は日曜日で、(   )天気もよかったので、どこも人がおおぜいいた。

(7) 英語を教えてもらう(   )日本語を教えてあげましょう。

(8) この本はたしかにいい本です。(   )ねだんも高いですよ。

(9) 今日は風邪をひいています。(   )頭もいたいので、行くことができません。

(10) ちょっと紙を買ってきて下さい。(   )インキも。

(11) 雨が降りそうだし、(   )少し疲れたので、今日は早く帰りたいです。

(12) 日本の夏は気温が高く、(   )湿度も非常に高いので、大変蒸し暑く感じるのです。

(13) 雨が強くなり、(   )風さえでてきた。

(14) どうすればよいのか、ぼくひとりではわかりません。(   )きょうはごそうだんにうかがったのですが。

(15) 上の子が泣きました。(   )下の子も泣きだしました。

2. 적당한 말을 골라 (   ) 속에 넣으시오

(1) 右手に傘を持ち、(   )左手にカバンをさげていた。
　　① そして　　② または　　③ しかし　　④ かつ

(2) 手紙を書いた後、風呂に入って(   )寝た。
　　① すると　　② そこで　　③ しかも　　④ それから

(3) もはや、勝算はない。(　　　　　)、一刻も早く収拾すべきである。
　　① そして　　　　② されば　　　　③ なお　　　　　④ それに

(4) くわしい知らせを待ちましょう。(　　　　)もう手のうちようがありません。
　　① そしたら　　② もしくは　　③ でなければ　　④ ゆえに

(5) この本は非常におもしろく(　　　　)有益である。
　　① かつ　　　　　② および　　　③ または　　　　④ もしくは

(6) 木下氏はこの学校のために尽くされ、(　　　　)地域の発展のために努力
　　なさった方です。
　　① また　　　　　② または　　　③ しかし　　　　④ ところで

(7) 東京は政治の中心地であり、(　　　　)経済、文化の中心地でもある。
　　① および　　　　② なお　　　　③ もしくは　　　④ かつ

(8) 情状を酌量する余地はない。(　　　　)、極刑に処するを適当と認める。
　　① よって　　　　② かつ　　　　③ すると　　　　④ しかしながら

(9) 退屈してたんだ。(　　　　)、だれもいないんだもの。
　　① ならびに　　② 要するに　　③ だって　　　　④ なお

(10) 少し熱があります。(　　　)心配はありません。
　　① しかも　　　　② それで　　　③ それに　　　　④ でも

(11) 今日は寝不足です。(　　　)眠くてしかたがありません。
　　① そこで　　　　② それで　　　③ そして　　　　④ それでは

(12) 京都、大阪、(　　　　)神戸を総称して京阪神という。
　　① ならびに　　② かつ　　　　③ また　　　　　④ なお

(13) この本は非常に面白く(　　　)有益である。
　　① なお　　　　　② および　　　③ でも　　　　　④ かつ

(14) 日本語が上手でありながら(　　　)全然使おうとしない。
　　① しかも　　　　② その上　　　③ そして　　　　④ それから

(15) 雨が降りそうだし、(　　　)少し疲れたので、今日は早く帰ります。
　　① そして　　　　② そこで　　　③ しかも　　　　④ それに

07 :: 副詞〈I〉

文法説明 ● ● ● ● ● ● ● ● ● ● ● ●

❶ 副詞의 種類

(1) 程度副詞 …… 少し　　　ちょっと　　ずいぶん　　すべて
(2) 情態副詞 …… はっきり　にっこり　　はらはら　　ゆっくり
(3) 叙述副詞 …… まるで　　決して　　　おそらく　　たとい
(4) 時間副詞 …… ついに　　とうとう　　じきに　　　すぐ

❷ 副詞의 意味

(1) 程度副詞

ㆍ用言 및 情態副詞를 修飾하며 그 동작ㆍ상태의 정도를 나타내는 부사
たくさん 많이 / 少し 조금 / とても 매우 / たいへん 대단히 / ほとんど 거의 / すっかり 완전히 / だいぶ 꽤, 상당히 / ちょっと 조금 / やや 조금 / ごく 극히 / いささか 조금 / ひたすら 오로지 / まったく 완전히 / ただ 단지 / きわめて 극히 / わずか 조금 / かなり 꽤 / すこぶる 몹시 / いっそう 더욱, 한층 / なかなか 꽤, 상당히
ㆍたいへんさむい日が続いています。
ㆍ今日は昨日と比べ、ずいぶん暖かい。
ㆍ今年の冬は寒さがたいそう厳しいという予報だ。

(2) 情態副詞

ㆍ주로 動詞를 修飾하며 동작이나 작용의 상태를 자세히 설명하는 부사

よちよち 아장아장 / じろじろ 빤히 / にっこり 방긋 / にやにや 히죽히죽 /
ぐんぐん 쭉쭉 / きらきら 반짝반짝 / すやすや 새근새근 / はらはら 아슬아
슬, 조마조마 / はっきり 확실히 / ゆっくり 천천히 / のんびり 태평하게 / む
かむか 메슥메슥 / すらすら 술술, 줄줄 / ぐるぐる 빙빙 / ぱらぱら 후드득
/ ばたばた 푸드득 / くるりと 빙, 휙

∘涼しい風がそよそよと吹いています。
∘一日八時間ほどぐっすり眠らないとだめです。
∘春雨がしとしとと縁先をぬらしている。

(3) 叙述副詞

∘뒤에 오는 叙述형식에 특별한 표현을 요구하는 부사. 이런 관계를 부사의 呼応
이라 하고, 叙述副詞는 陳述副詞 또는 呼応副詞라고도 한다.
とうてい 도저히 / 決して 결코 / もちろん 물론 / さすが 과연 / たとえ 설
령 / 断じて 절대로 / 少しも 조금도 / 必ずしも 반드시 / ぜひ 부디, 꼭 /
どうか 아무쪼록 / まるで 마치 / ちょうど 마침 / どうして 어째서 / なぜ
왜 / さぞ 필시 / おそらく 아마 / さも 정말 / あたかも 흡사, 마치 / たぶ
ん 아마 / まさか 설마

∘必ずしもみんなが成功するわけではない。
∘プレゼントをもらっていかにもうれしそうだ。
∘夏休みにはぜひ日本へ行くつもりだ。

(4) 時間副詞

∘주로 動詞를 수식하며 시간적 개념을 나타내는 부사
もうすぐ 곧 / かねて 미리 / すでに 이미 / やがて 이윽고 / じきに 곧 /
ときどき 가끔 / しばらく 잠시 / あらかじめ 미리 / ついに 드디어, 결국 /
とうとう 드디어, 마침내 / ふと 문득 / たちまち 갑자기

∘ご欠席の場合はあらかじめお知らせください。
∘愛郷心はやがて愛国心につながる。
∘私はしばらくここであの人を待ちます。

基本文 ● ● ● ● ● ● ● ● ● ● ● ●

- いそぐことなくぼつぼつはじめましょう。
- 恐怖で全身がぞくぞくしました。
- ちょこちょこと勉強しただけで満点をとった。
- 彼はしきりに私に会いたがっていた。
- だんだん暗くなってとうとう何も見えなくなった。
- 彼がもどってきてようやく私はくつろぐことができた。
- 私たちが出かけるとほとんど同時に雨が降り出した。
- 彼がはじめてここに来た時は、まだほんの子供であった。
- 彼は西洋諸国のみならず東洋においても有名である。
- 日本語なら日本人にとうてい歯が立たないだろう。
- 少なくとも一日に五字ずつ新しい漢字をおぼえてください。
- 悲しくて悲しくてとうとう泣き出してしまった。
- ようやく体が水に浮くようになったよ。
- 日本人はすしが好きです。もっとも例外はありますが。
- 彼女はどうしたのか急にはっと立ちすくんだ。
- およそ外国語の学習には努力ほど大切なものはありません。
- 食べるだけが精いっぱいということになります。
- 先生のおかげでどうやら一人前の人間になれたようです。
- 彼女は大変愚かであるのでだれも彼女とはつき合わない。
- あいにく父が留守ですから、すぐ返事ができません。
- 一人でぶらぶらお歩きになっていました。
- 赤ん坊がねむっているからそっと戸をしめなさい。
- 大雨でみるみるうちに川の水が増えていきます。
- ひどい吹雪の中をやっとこさ家にたどりついた。
- 雨のせいかごくわずかの人しか来ていませんでした。
- 折角の日曜日が雨なのでがっかりした。
- いったん覚悟をしたのだから最後までがんばろう。
- 何をいっているのかさっぱりわかりません。
- 犯人は、警官に捕まるのではないかと、いつもびくびくしていた。

- 気の強い渡辺さんが、その映画を見ながらぼろぼろ涙を流した。
- そんな所でぷかぷかタバコを吸っていないで、早く会社に行きなさい。
- 病気なのだからお金の心配はともかく、病院へ行った方がいいですよ。
- 子供たちは大きな木のまわりをぐるぐる回って遊んでいます。
- 友達とひさしぶりに会ったので、お互いにその後の生活について話し合った。
- この計画に対しては反対するものが多く、賛成するものはきわめて少数である。
- 彼はたいへんりこうで、さらによいことには非常に丈夫です。
- しいて国交を回復しようとしても、両国には問題が多すぎる。
- 陳さんはまだ日本にいるのかと思っていたら、とっくに帰国したそうだ。
- 実を言うと、私はそのことをすっかり忘れていた。
- 彼女は買物に行くたびに、いつもへとへとに疲れて帰ってくる。
- もしかすると彼はもう国へ帰ったかも知れません。
- たとえ相手が目下の人でもそんなことを言ってはいけません。
- 陰口というのは、普通、日常のちょっとした欲求不満やもやもやした気分のはけ口です。
- わざわざ届けて下さって、本当にありがとうございます。
- 毎日大変暑い日が続いておりますが、皆様にはお元気でいらっしゃいますか。
- 彼は日本へ留学する前に三年間もみっちり日本語を勉強したそうです。

1. 「まっすぐ」「ぽかぽか」「いちばん」「だんだん」「ちょうど」「こっそり」
   「そっと」「じっと」중에서 적당한 것을 골라 (   ) 속에 넣으시오
   (1) 今日は(   )した春先の一日でした。
   (2) 秋が深まり、(   )もみじが美しくなる。
   (3) 駅に着いたら、(   )電車が来た。
   (4) ねこが台所から(   )と魚をぬすんでいった。
   (5) てつぼうなら山下くんが、クラスで(   )だ。
   (6) しばらく(   )しておいた方がいい。
   (7) ねこが、ぼくのひざの上で、(   )している。
   (8) 友達が眠っている間に、(   )手紙を読んでしまった。
   (9) 海水浴場には(   )寝ころんで体を焼いている人々が多かった。
   (10) この道を(   )行くと、学校があります。

2. 다음 (   ) 속에 알맞은 말은?
   (1) そう言えば、確かに(   )気ちがいじみてるね。
      ① いくらか   ② 少し   ③ のんびり   ④ ゆっくり
   (2) (   )驚いたように私の顔を凝視した。
      ① かすかに   ② もっと   ③ いくらか   ④ たぶん
   (3) 大人でもわからないのに、(   )子供にわかるわけがない。
      ① まして   ② だいぶ   ③ とうとう   ④ どうか
   (4) あなたと話していると(   )山田さんと話している気がする。
      ① ちょうど   ② どうか   ③ もしも   ④ まるで
   (5) 道路を渡る時は車に(   )気をつけるように、お子さんに言ってください。
      ① みっちり   ② よく   ③ つい   ④ ちょっと
   (6) 私の兄は、美人の店員に(   )されると、必要のない物でも買って
      来てしまう。
      ① にっこり   ② すらすら   ③ げらげら   ④ にやにや
   (7) 努力して(   )やり遂げました。
      ① すぐに   ② そのうち   ③ ただ   ④ ついに

(8) 列車が(　　　　)発車しようとしている。

　　① まさに　　　　② はたして　　③ ひたすら　　　④ なにしろ

(9) 一等になれなくても、(　　　　　)二等にはなりたい。

　　① たとえ　　　　　② せめて　　　③ あるいは　　　④ もっぱら

(10) それも一緒にとどけてくれれば(　　　　)いい。

　　① また　　　　　　② まず　　　　③ なおさら　　　④ 少し

(11) 彼が辞職するといううわさが(　　　　)だ。

　　① もっぱら　　　② もはや　　　③ そのうえ　　　④ ことに

(12) (　　　　)無事をいのるだけだ。

　　① ただ　　　　　② 全く　　　　③ まさに　　　　④ なおさら

(13) 桃の花びらが(　　　　)ちっている。

　　① にこにこ　　　② たらたら　　③ ちょろちょろ　④ ひらひら

(14) 今日で試験が(　　　　)おわって、今日からはのんびりできる。

　　① とにかく　　　② やたらに　　③ すっかり　　　④ むやみに

(15) 窓の外で木の葉が(　　　　)と落ちる音が聞こえてくる。

　　① じめじめ　　　② じろじろ　　③ しぶしぶ　　　④ はらはら

(16) 彼は私が(　　　　)嫌いなタイプだ。

　　① もっと　　　　② むしろ　　　③ 最も　　　　④ やっと

(17) そんなことは(　　　　)考えていなかった。

　　① なんでも　　　② 全く　　　　③ はたして　　　④ やや

(18) 約束の時間が過ぎても、友達がなかなか来ないので(　　　　)した。

　　① いらいら　　　② ぴりぴり　　③ ぶすっと　　　④ かんかん

(19) 遊んでばかりいて(　　　　)勉強しないから、だんだんわからなくなってきた。

　　① ずいぶん　　　② ちっとも　　③ 少し　　　　　④ とても

(20) (　　　　)おなかがすいていませんので、これで十分です。

　　① もっと　　　　② すっかり　　③ あまり　　　　④ やっと

08 :: 副詞 〈II〉

 文法説明 ● ● ● ● ● ● ● ● ● ● ● ● ●

❶ 두 가지 意味를 가진 副詞

(1) あまり

　　긍정문 : 너무　　あまり大きいのでびっくりした。

　　부정문 : 그다지　彼女の健康はあまりよくない。

(2) とても

　　긍정문 : 매우　　もうすこし行くととても景色のよい海岸に出ます。

　　부정문 : 도저히　あの人にむかってそんなことはとても言えない。

(3) まったく

　　긍정문 : 완전히, 전적으로　それとこれとは全く同じだ。

　　부정문 : 전혀　　　　　　　まったく話にならない。

(4) なかなか

　　긍정문 : 상당히, 꽤　　　山頂はまだなかなか遠い。

　　부정문 : 좀처럼, 도저히　仕事がなかなかはかどらない。

❷ 副詞의 特殊用法

(1) 体言을 修飾하는 경우

　　すこし前のほうへ移動して下さい。

ずっと昔のことなんですよ。

ちょっと右のほうを見てください。

(2) 副詞를 修飾하는 경우

とてもはっきり聞こえました。

ずっとはっきり聞こえました。

もっとゆっくり歩きました。

(3) 「副詞＋の」로 体言을 修飾하는 경우

もっぱらの評判であります。

すこしの同情も要りません。

すべての苦労が水の泡となってしまいました。

❸ 「少し」와 「ちょっと」의 차이

(1) 「少し」는 会話、文章 양쪽에 사용할 수 있으나, 「ちょっと」는 격의 없는
   会話에만 사용한다.

　　。お金を少し貸してください。

　　。ちょっと待ってください。

(2) 「ちょっと」에는 「少し」로 대체될 수 없는 관용적인 사용법이 있다.

　　。ちょっとお寄りしました。

　　。あの人はちょっと見ただけでは外国人かどうかわからない。

　　。ちょっとしたかぜがもとで死ぬ。

❹ 「つい」와 「ついに」

(1) つい : 그만, 무심코, 바로

　　。客の名前をつい忘れた。

　　。つい息子に約束してしまった。

(2) ついに：마침내, 드디어, 끝내, 아직까지

　　　。努力してついにやり遂げた。

　　　。彼とはついに会わずじまいだ。

❺ 「あまり」와「あまりに(も)」

(1) あまり：그다지, 그리, 너무, 지나치게

　　　。彼の健康はあまりよくない。

　　　。あまり急ぐからころぶのだ。

(2) あまりに(も)：너무, 지나치게

　　　。その手段があまりに(も)ひどかった。

　　　。あまりにうれしかったので、涙が出てしまいました。

- 忙しくてなかなか本が読めません。
- 口が重い田中さんはほとんど何も言わなかった。
- さすが大きいだけあって力も相当なものですね。
- 手紙を二回出したがいっこうに返事がない。
- わけも聞かずにしかりつけるなんて、あまりにひどい。
- 日本語では日本人にはとてもかないません。
- きょうは全くあついですね。
- きょねんの冬はなかなかさむかったですね。
- きょうはお金を少ししか持っていません。
- つかれたから少し休みましょう。
- ご主人にちょっとお目にかかりたいのですが。
- 田中さんのおくさんは、ちょっとした美人です。
- 昨日の晩は食べ放題のレストランに行って、うんと食べた。
- あの学生はいつも、ただいい点をとることだけ考えている。
- あの人はさっぱりとした性格なので、怒ってもすぐ忘れてしまいます。
- あのおじいさんはもう九十歳なのに、病気もしないでぴんぴんしている。
- あの子はどうしたのかしら。朝から部屋の隅でしくしく泣いている。
- わざわざ駅まで迎えに行ったのに、友達は約束の時間に来なかった。
- この問題はむずかしくてなかなか解けない。
- そんなことにはいっこう平気で相変わらず壁に顔をむけている。
- ついちかくに住んでいるのに、めったに会いません。
- もっと考えをはっきりとさせましょう。
- あしたはっきりした返事を聞かせてください。
- 今日中にすべての仕事がおわらなければならない。
- ひみつだったのについしゃべってしまった。
- 弟は母にしかられ、ついになきだした。
- 約束していたのに、おじさんはついに来なかった。
- あまりうれしくてなみだが出た。
- あまりの寒さに、死ぬ人が出た。

- とうがらしをたっぷり使った韓国料理はとても辛かった。
- あたりはまったく見えなくなりました。
- 今日は運動をしなかったから、ちっともおなかがすきません。
- まさかあの人がそんなばかなことを言うはずがない。
- 話が夢中になって、時間がたつのをついわすれていた。
- あんなにじょうぶだった彼も、病気にはついにかてなかった。
- あの店へ行けば、ちょっとおいしい料理が食べられます。
- ぼくはアルコールによわいから、ビールを少し飲んでもすぐ赤くなる。
- わたしは、あなたの言うことが少しもわかりません。
- こんな地図は全く役に立たない。もっと詳しい地図をください。
- 去年の冬はなかなかさむかったですね。
- この問題はむずかしくてなかなか解けません。
- あまりいそがしかったので、本を持ってくるのをわすれました。
- 外国人に対して、日本国民全体に何となく冷たい態度が見られる。
- それが買いたいんですが、あいにく今持ち合わせがありません。
- すぐ来ますから、今しばらくお待ちください。
- わざわざ届けてくださって、本当にありがとうございます。
- 名前も知らない人をどうして探すことができるだろう。

1. 「すっきり」「さっぱり」「どうか」「ついに」「どう」「絶対」「はっきり」「つい」
   「どうして」「なかなか」 중에서 적당한 것을 골라 (　　　) 속에 넣으시오.

   (1) 風邪をひいたがいつまでたっても(　　　　)しない。

   (2) 彼女とは(　　　　)会わずじまいだ。

   (3) 忙しくて(　　　　)失礼してしまった。

   (4) 彼は来るか(　　　　)かわからない。

   (5) おねがいですから、(　　　　)お金をかしてください。

   (6) 名前も知らない人を(　　　　)さがすことができるだろうか。

   (7) どんなことがあっても、(　　　　)ここを動いてはいけない。

   (8) お天気(　　　　)しなくて困るわ。

   (9) 複雑な心の状態は、(　　　　)書き表せないものだ。

   (10) 過去の失敗はきれい(　　　　)と忘れて、出直そう。

2. 다음의 (　　　　) 속에 알맞은 말은?

   (1) 聞いてみても(　　　　)教えてくれなかった。
       ① なかなか　　② つい　　③ あまり　　④ 少し

   (2) 生きて恥をさらすくらいなら(　　　　)死んだ方がましだ。
       ① もっと　　② ほぼ　　③ ついに　　④ むしろ

   (3) 長男のきみこそ(　　　　)家をつぐべきだ。
       ① 大変　　② ちょうど　　③ まさに　　④ かつて

   (4) 子犬が(　　　　)はってきました。
       ① ちょろちょろ　② ちょこちょこ　③ ぽかぽか　④ ぷかぷか

   (5) このごろの私たちの生活はとてもいそがしいものです。目が(　　　　)
       まわるほどです。
       ① はっきり　　② すっかり　　③ くるくる　　④ ぴくぴく

   (6) 時間を惜しんで勉強し、(　　　　)働けば、必ず豊かな生活が
       約束されるという。
       ① かちかちと　② せっせと　③ ぐんぐん　④ ざっと

   (7) 彼も以前はよく顔を見せていたが、最近は(　　　　)しか来ない。
       ① ちょっと　　② たまに　　③ めったに　　④ たびたび

(8) 戦争は(　　　　　)はげしくなる一方だ。
　　① いよいよ　　② いわば　　③ あたかも　　④ いつか
(9) あの人は(　　　　　)このあいだ知り合った友だちだ。
　　① ともに　　② つい　　③ ごそごそ　　④ ごわごわ
(10) このもんだいは、(　　　　　)むずかしくない。
　　① まもなく　　② たえず　　③ あまり　　④ なるほど
(11) 春ちゃんはまだ(　　　　　)の子供です。
　　① 果して　　② 全く　　③ すべて　　④ とうてい
(12) 彼女はげんかんの前で(　　　　　)立っていました。
　　① まっぴら　　② 全く　　③ まるで　　④ ぼうぜんと
(13) 木下君は、(　　　　　)おもしろいことを言ってみんなをわらわせる。
　　① かねて　　② すでに　　③ まえもって　　④ しょっちゅう
(14) 彼はいつも(　　　　　)していて、人よりおくれる。
　　① のろのろ　　② わあわあ　　③ ぼろぼろ　　④ こっそり
(15) あついですね。(　　　　　)ひと雨ふるといいですね。
　　① さっぱり　　② さっと　　③ さほど　　④ さっそく
(16) あなたの説明を聞いて「(　　　　　)。」と思いました。
　　① きわめて　　② はなはだ　　③ なるほど　　④ もっぱら
(17) この手紙に(　　　　　)早く御返事をいただきたいと思います。
　　① なるべく　　② そろそろ　　③ たいへん　　④ じつに
(18) 日本語では日本人には(　　　　　)かないません。
　　① とても　　② 少し　　③ ずいぶん　　④ ただ
(19) このペンはどこで買ったか、今(　　　　　)思い出せません。
　　① 少し　　② たいへん　　③ ざっと　　④ ちょっと
(20) (　　　　　)勉強がすぎると、からだによくありません。
　　① ちょっと　　② やや　　③ あまり　　④ とても

MEMO NOTE

09 :: 副詞 〈Ⅲ〉

文法説明 ● ● ● ● ● ● ● ● ● ● ● ● ●

❶ 副詞의 呼応

※ 副詞가 特定表現을 要求하는 것

    (1) 否定

        ◦ そんなことは<u>少しも</u>気に<u>ならない</u>。

        ◦ びんぼうが<u>必ずしも</u>不幸だとは<u>言えない</u>。

        ◦ 話が<u>ちっとも</u>わから<u>ない</u>。

    (2) 禁止

        ◦ <u>決して</u>無理なことはする<u>な</u>よ。

        ◦ <u>断じて</u>うそをつく<u>な</u>。

    (3) 希望

        ◦ <u>どうか</u>おいで<u>ください</u>。

        ◦ <u>ぜひ</u>来て<u>ください</u>。

        ◦ <u>なにとぞ</u>お立ち寄り<u>ください</u>。

    (4) 仮定

        ◦ <u>たとい</u>親が反対し<u>ても</u>行く。

        ◦ <u>たとえ</u>雪が降っ<u>ても</u>行きますか。

        ◦ <u>もし</u>彼が来なかっ<u>たら</u>どうしますか。

(5) 反語
  ◦ <u>どうして</u>君は来なかった<u>のか</u>。
  ◦ <u>なんで</u>忘れられよう<u>か</u>。

(6) 推量
  ◦ <u>たぶん</u>そう<u>でしょう</u>。
  ◦ <u>おそらく</u>彼は来る<u>だろう</u>。
  ◦ <u>まさか</u>死ぬことはない<u>だろう</u>。

(7) 疑問
  ◦ <u>なぜ</u>黙っているん<u>ですか</u>。
  ◦ あなたは<u>どうして</u>行かないの<u>ですか</u>。

(8) 比喩
  ◦ 今日の暑さは<u>まるで</u>真夏の<u>ようです</u>。
  ◦ <u>あたかも</u>うつくしい絵の<u>ようだ</u>。

(9) 断定
  ◦ <u>きっと</u>ぼくがして<u>みせる</u>。
  ◦ 彼女は<u>必ず</u> 帰って<u>くる</u>。

❷ 「かならず」「かならずしも」「かならずや」
  ◦ かならず : 반드시, 꼭, 언제나 → 긍정문에 사용
       ドアをあけたらかならずしめなさい。
  ◦ かならずしも : 반드시 ~ 하다고는 → 부정문에 사용
       私は必ずしもそうとは思わない。
  ◦ かならずや : 반드시, 틀림없이, 꼭 → 추측문에 사용
       近い将来にかならずや実現するであろう。

❸ 複合副詞

時折 때때로 / 時々 가끔 / 幸いに 다행히 / まことに 정말로 / くり返し 거듭 /
とりわけ 특히 / 絶えず 늘 / 思わず 무심코 / 至って 매우 / あまりに 너무나 /
どうか 부디 / たとえば 예를 들면 / ますます 점점 / 見る見る 순식간에 / いち
いち 일일이 / ひとつひとつ 하나하나 / 軽々と 거뜬히 / 長々と 오랫동안

◦ 林の中では時折風がざわめく。
◦ 運動会は幸い天気にめぐまれた。
◦ つまらない話を長々と聞かされた。
◦ どうかわけを話してください。
◦ 船は見る見る沈んでしまった。

- 雲のきれめから時おり日がさす。
- ここできみに会おうとはぜんぜん思いませんでした。
- 彼はけっしてあなたの悪口を言うような人ではない。
- 万一彼が失敗するようなことでもあれば、彼の家族はがっかりするだろう。
- 彼はまるでイギリス人であるかのように英語を話す。
- なるほど彼は若いが、年のわりには思慮がある。
- 彼が回復する望みは、たとえあるにしても、少ない。
- ちょうど脂の乗った年ごろで、しごとに身が入る。
- 今日は、なんといっても外の方がもっとあたたかいね。
- あまり寒いので、今日はスケートはあきらめるよ。
- どうやら山火事も下火になったらしい。
- 学生のくせにろくろく勉強もしません。
- 必ずしも私の意見が正当だというのではない。
- さぞ立派に御成長されたことと思います。
- 私は、あなたの言うことが少しもわかりません。
- 私は必ずしも、そうは思いません。
- まさかあの人がまけるとは思いませんでした。
- そんな考え方では、おそらくしっぱいするだろう。
- 火は見る見るひろがって大火事になってしまった。
- うれしかったので、思わず電話におじぎをしました。
- いくら説明してもわかってくれない。
- 秋はなんとなく寂しい季節です。
- おどろくなかれ、子供が十五人もいるそうだ。
- あの試合に、まさか我々のチームが優勝するとは思わなかった。
- 最近の若い人は、政治になかなか関心を持とうとしない。
- 図書館でひそひそ話をしていたら、隣りの人に注意された。
- 松本さんは私の言ったことを誤解したらしく、急にむっとした顔をした。
- 大好きなあの人から手紙が来たので、わくわくしながら封筒を開けた。
- いやしくも、大学の教授とあろうものがこれぐらいのことは知っていなければ

ならない。

- さすが彼はテニスの選手だけあって、上手だね。
- なんとかして、それを仕上げてしまわなければならない。
- 地震についてはいつおこるか決してゆだんはできない。
- 木村さんは病気ですから、会議にはたぶん出られないと思います。
- たとえどんなにいそがしくても、約束をわすれてはいけません。
- 服がいたんできたので、今年はぜひ新しいのをかわなければならない。
- 彼女の日本語は、いくら上手といっても、とうてい日本人には及びません。
- ベルをおしてもだれも出てきませんから、たぶんるすでしょう。
- 今日来ていないけれど、まさか病気ではないでしょうね。
- もし男に生まれていたら、あなたは何になりたいと思いますか。
- すこし雨が降れば必ず大水になる場所です。
- せいせきのいい生徒が必ずしも頭がいいとは言えない。
- これだけの金を集めるにはかなりの無理をしたのだ。
- たとえ親の命令であろうとも、正しくないことはしない。
- まさかあの人がそんなに悪い人だとはゆめにも思いませんでした。
- もしもわたしがおくれたら、どうぞ先に行ってください。
- お顔の色が悪いですが、もしやご病気なのではありませんか。
- もしかすると水田さんはきょうは来ないかもしれませんよ。
- さけばかり飲んでいると、きっと体が悪くなる。
- おとなが子供のおもちゃで遊ぶなんて、どうかと思うよ。

練習問題 ●　●　●　●　●　●　●　●　●　●　●

1. 다음 (　　　　　) 속에, 「あくまで」「せっかく」「ついでに」「とにかく」
　　「なるべく」「わざと」「わざわざ」중에서 적당한 것을 골라 넣으시오.
　　(1) 田舎のおじいさんには(　　　　)手紙を出すようにしよう。
　　(2) 友だちの家に行った(　　　　), 本屋によった。
　　(3) だれが何と言っても、(　　　　)あの人を信じています。
　　(4) 間に合うかどうかわからないが、(　　　　)行ってみよう。
　　(5) (　　　　)そんなになさらなくてもよかったのに。
　　(6) 弟をよろこばせようと思って、(　　　　)すもうに負けた。
　　(7) 電話ですむのに、(　　　　)来ていただいて申し訳ございません。
　　(8) (　　　　)おみやげを買ってきたのに、弟はよろこばなかった。
　　(9) 海外旅行へ行ったら、生水は(　　　　)飲まない方がいいですよ。
　　(10) (　　　　)京都まで来たのだから、奈良へも行ってみたいです。

2. (　　　　　) 속에 들어갈 알맞은 말은?
　　(1) このまま帰るのは(　　　　)残念だ。
　　　　① いっせいに　　② いかにも　　③ いっこう　　④ いちおう
　　(2) (　　　　)だますつもりはなかったのだ。
　　　　① いっこう　　② なべて　　③ 決して　　④ さっぱり
　　(3) 私は(　　　　)すると日本人とまちがえられます。
　　　　① どうか　　② どうして　　③ 決して　　④ 全く
　　(4) 小山さんは、(　　　　)お金をためて、家をたてた。
　　　　① ちっとも　　② どうにか　　③ ともかく　　④ せっせと
　　(5) 朝から考えているのだが、(　　　　)わからない。
　　　　① どうも　　② どうして　　③ ちょうど　　④ ばったり
　　(6) むりなことはよくわかりますが、(　　　　)おねがいします。
　　　　① まさか　　② かつて　　③ あえて　　④ なんとか
　　(7) (　　　　)海が見たくなって、汽車にのった。
　　　　① なんとなく　　② どうして　　③ もしかして　　④ めったに
　　(8) あなたには(　　　　)お目にかかったことがありますね。
　　　　① あらかじめ　　② 前に　　③ まだ　　④ あまり

(9) こんなあぶない旅は(　　　　)するものではない。
　　① 少しも　　　　② あえて　　　　③ めったに　　　④ ちょっと

(10) あの人は、先生と(　　　　)楽しそうに話している。
　　① あえて　　　　② ろくに　　　　③ さも　　　　④ さほど

(11) いそがしくて、本も(　　　　)読めない。
　　① ろくに　　　　② べつに　　　　③ しいて　　　　④ うっかり

(12) 初めて日本へ行った時、日本語が(　　　　)通じなくて困ったものでした。
　　① とても　　　　② ひたすら　　　③ 全然　　　　④ 少なく

(13) この二、三日、(　　　　) 寒さが増してきた。
　　① いっそう　　　② すっかり　　　③ ひたすら　　　④ きわめて

(14) 全く知らない人が(　　　　)して近づいて来るのは気持ちが悪い。
　　① はらはら　　　② どしどし　　　③ すやすや　　　④ にやにや

(15) あの子は六歳なのに、質問にも(　　　　)答えられる賢い子だ。
　　① とうとう　　　② てきぱき　　　③ すっかり　　　④ もっと

(16) あじさいの花は、六月、(　　　　)雨の降るころに咲く。
　　① ひたすら　　　② じろじろ　　　③ しとしと　　　④ わずか

(17) このままでは、いたくてたまりません。(　　　　)してください。
　　① 少し　　　　② かんべん　　　③ ぜひ　　　　④ どうか

(18) (　　　　)どんなことがあっても、考えを変えません。
　　① どうにか　　　② どうか　　　③ たとえ　　　　④ ぜひ

(19) 毎日れんしゅうしているが、(　　　　)上手にならない。
　　① ちっとも　　　② ちょっと　　　③ 必ずしも　　　④ やや

(20) こんなに星がきれいだから、(　　　　)あした雨が降ることはないだろう。
　　① どうにか　　　② まさか　　　③ たぶん　　　　④ おそらく

MEMO NOTE

10 :: 助詞〈1〉

文法説明 ● ● ● ● ● ● ● ● ● ● ● ● ●

❶ 助詞의 種類

(1) 格助詞 ……… 주로 体言에 붙어 접속한 단어의 資格을 나타내는 조사

　　　　　が　の　を　に　へ　と　から　より　で　や

(2) 接続助詞 … 주로 활용어에 붙어 전후의 단어나 문장을 이어주는 조사

　　　　　ば　と　ても　でも　けれど(も)　が　のに　ので　から
　　　　　して　で　ながら　たり　だり　つつ　なり

(3) 副助詞 ……… 부차적으로 사용되며 접속한 단어나 문절에 특별한 의미를
　　　　　　　　부과하는 조사

　　　　　は　も　こそ　さえ　でも　しか　まで　ばかり　だけ
　　　　　きり　ほど　くらい　ぐらい　など　なり　やら　か
　　　　　だって　とか

(4) 終助詞 ……… 문의 끝에 붙어서 상대방과의 관계를 나타내는 조사

　　　　　か　な　なあ　ぞ　とも　の　よ　わ　ね　え　さ　わ
　　　　　こと　ぜ　や

　　　　※ 男性만이 사용하는 終助詞 : な(なあ)　ぞ(ぜ)　かな(あ)
　　　　※ 女性만이 사용하는 終助詞 : わ　かしら　こと

❷ 注意해야 할 助詞

(1) 「さえ」

① ~조차

先生でさえ答えられないのだから、高校生には無理だ。

② ~만

あとは天気さえよければ、すばらしい旅行ができる。

(2) 「だって」(＝でも)

① ~라도

口に入るものなら、何だって食べてしまいます。

② ~도

結婚してから一晩だって外泊したことはない。

(3) 「きり」

① ~밖에

十分きりないから、今から行くのは無理だ。

② ~채로

朝早く家を出たきり、まだもどりません。

③ ~로써(그만)

山本さんはそれっきり、二度と来なかった。

(4) 「なり」

① ~채로

行ったなり帰らない。

② ~하든 ~하든

行くなり行かないなり、早く決めて下さい。

③ ~(에게)라도

せめて私になり相談してくれればよかったのに。

④ ~하자마자

本を閉じるなり、じっと一点を見つめ、何か考えこんでいるようだった。

(5)「なんて」

  ① ~하다니

    彼をだますなんて悪いよ。

  ② ~라고 하는

    マジンガなんて(いう)名前は聞いたこともないよ。

  ③ ~라고는

    いやだなんて言えないよ。

○ 座ってばかりいないでたまには運動でもしなさい。
○ 久しぶりに手紙をもらったのに、まだ返事を書いていません。
○ その人が来さえすれば、全員集まることになります。
○ 銀行は四時半までしかあいていません。
○ 狭いのきたないのと文句ばかり言う。
○ なんといっても、日本語は彼がいちばん上手だ。
○ あの成績なら、必ず合格するに違いありません。
○ 鈴木さんは、頼むに足りない人だ。
○ テニスにかけてはあの人に及ぶものはない。
○ やせている人が、体が弱いとは限らない。
○ どの番組を選ぶかで、兄弟げんかをする。
○ 手も足も出ないのでさっぱりあきらめた。
○ 来年の二月に日本へ行くことになると思います。
○ 惜しいことに、病気で死んでしまったんです。
○ あれは、まだ先週生まれたばかりの子犬です。
○ やさしいからといって、油断するとまちがえるよ。
○ 塩は人間の生活にとってなくてはならないものだ。
○ このごろは原料不足で、生産は足ぶみをしている。
○ むずかしい問題なので、私は歯がたたなかった。
○ 弟はラジオから流れるメロディーに耳を傾けています。
○ 僕も手はよごれるし、字はきたなくなってしまうからいやになるよ。
○ 休みにはテレビを見るとかラジオを聞くとかして、時間を過ごします。
○ 神の恵みを胸にたたんで、だれにも話さなかった。
○ 若いからこそ希望に生きることができるのです。
○ うれしいやら恥しいやら、複雑な気持だ。
○ 山田さんはぼくの顔を見るやいなやどこかへ行ってしまった。
○ この料理は味があるのやらないのやら、さっぱりわからない。
○ どうしたのか、彼は今日も会社に来なかった。
○ 老人はその手紙を見もしないで、破り捨ててしまった。

- この服はどんなにぬれても、一時間もすればかわく。
- どんなことがあろうと、あなたについて行きます。
- 大学の先生でさえわからない問題を、あの子はすらすらと解いてしまった。
- 専門家にのみわかるような話はここではしないでほしい。
- アメリカからのお客さんがいらっしゃるのはいつだったっけ。
- 自分でやってみてこそはじめてそのむずかしさがわかるものだ。
- 品質についてはわかりますが、値段についてはさっぱりわかりません。
- 先生は親身になってわたしたちのことを考えてくださる。
- あなたは顔が広いから、適当な人を紹介してください。
- バスは出たばかりですから、次のバスまでまだかなり時間があります。
- 東京だって雪が降っているのですから、北海道はどんなにか寒いことでしょう。
- 木村さんはお父さんの遺影の前に座るなり、何も言わないでただうなだれていた。
- 戦争は大なり小なり、国民一人一人の心に傷あとを残した。
- 一人きりでマンションに住んでいるので、何かあった時とても心細い。
- 京都大学だけあって、ノーベル賞をもらった教授が五人もいる。

1. (　　　　　) 속에 「が」「から」「を」「に」「より」「で」「の」「と」「も」
　 중에서 알맞은 것을 골라 넣으시오
　 (1) 妹はいつもきれいな服(　　　　　)ほしくてたまらないのです。
　 (2) この香水はいい匂い(　　　　　)する。これにしよう。
　 (3) こんなこわい目(　　　　　)見ないで下さい。
　 (4) 山田さんは東京駅の近く(　　　　　)住んでいる。
　 (5) 中山さんはまた明日来る(　　　　　)言いました。
　 (6) 料理はすし(　　　　　)てんぷらにうなぎだ。
　 (7) きたない(　　　　　)きたくないの、まったく話にならない。
　 (8) 国民は何(　　　　　)も戦争が始まるのを恐れていた。
　 (9) この頃は外国(　　　　　)の交通が便利になった。
　 (10) クラス全員(　　　　　)、映画を見に行く。
　 (11) 先月、中村氏は社長の地位(　　　　　)ついた。
　 (12) どろぼうに時計(　　　　　)盗まれたらしい。
　 (13) この地位には誰(　　　　　)もあの人が適任者だ。
　 (14) ちょっと、ドア(　　　　　)閉めてくれないか、風(　　　　　)入って来るし、
　　　 みんなの声(　　　　　)聞こえてきて、うるさいんだよ。
　 (15) このノート(　　　　　)絵を書いてはいけません。

2. 다음의 助詞들 중에서 적당한 것을 골라 (　　　　　) 속에 넣으시오

て	し	ので	ながら	けれども	のみ
すら	ば	ても	のに	たり	ものなら

　 (1) もう日が沈んだ(　　　　　)、今日はこのくらいで帰ろう。
　 (2) わかっている(　　　　　)、なかなか実行できない。
　 (3) この法律は外国人に(　　　　　)適用される。
　 (4) 雨が降っ(　　　　　)行くことにしましょう。
　 (5) 思え(　　　　　)日本もよくここまで発展したものだ。
　 (6) 君で(　　　　　)失敗したのだから、私にできるはずがない。

(7) 年寄りな(　　　　　)若い人と同じように運動をしても疲れない。

(8) 火事がおこった時は、ちょうど夜中で皆寝(　　　　　)いた。

(9) あの秘書は感じがいい(　　　　)仕事もできる。

(10) そんなことを言おう(　　　　　)、ひどくおこるだろう。

3. (　　　　　) 속에 「ものを」「ところで」「には」「ものの」「どころか」「しか」「ほど」「なり」「くらい(ぐらい)」「として」「など」「だって」中에서 적당한 것을 골라 넣으시오

(1) 新聞を読む(　　　　)テレビを見る(　　　　　)、ご自由にしてください。

(2) 彼は英文(　　　　)、日本語の文さえまともに書けない。

(3) あの人に頼んだ(　　　　)、どうにもならないでしょう。

(4) あの人(　　　　)できるのだから、私にできないはずがない。

(5) 私(　　　　)、とてもそんなむずかしいことはわかりかねます。

(6) 一つ(　　　　)ない物ですから、大切にして下さい。

(7) 行く(　　　　)行かないなり、早く決めて下さい。

(8) 五分(　　　　)ないから、今から行くのは無理だ。

(9) 車で行けば、十分(　　　　)で行けると思います。

(10) 山本先生は交換教授(　　　　)韓国に来た。

4. (　　　　　) 속에 「なり」「きり」「くらい(ぐらい)」「として」中에서 적당한 것을 골라 넣으시오

(1) あのチームには負ける(　　　　)なら死んだほうがいい。

(2) 一つ(　　　　)、私の気に入った作品には出会わなかった。

(3) 毎朝ジョギングをする(　　　　)、健康にもいいことをすべきだ。

(4) 「はい」と返事をした(　　　　)、後は何も言いませんでした。

(5) そんな変なことを言うのは、谷口さん(　　　　)のものでしょう。

 MEMO NOTE

11 :: 助詞〈Ⅱ〉

 文法説明 ● ● ● ● ● ● ● ● ● ● ● ● ●

※ 注意해야 할 助詞

(1) 「な(なあ)」

① 금지, 명령

そんな危ない所へは行くな。

② 감동

あの人はすごい人だなあ。

③ 동의 요구

この前会ったのは去年の夏だったな。

(2) 「ぞ(ぜ)」

① 스스로의 다짐

きょうは負けないぞ。

② 자신의 생각을 강하게 주장

うそをついたら承知しないぞ。

(3) 「さ」

① 가벼운 단정

あれがぼくの家さ。

② 의문

行くのか、行かないのか、どっちさ。早く決めろよ。

③ 상대에게 강조

それがさ、むずかしくてさ、ほんとうにこまっちゃった。

(4) 「もの(もん)」

∘ 응석, 불평

いっしょに行ってくれない? ひとりで行くのはこわいもの。

こっちのほうがいいもん。

(5) 「っけ」

∘ 회상하면서 상대에게 호소하는 듯한 기분 (~었지, ~했던가)

大学時代は楽しかったっけ。

よくふたりで遊んだっけ。

ゼミは何時からでしたっけ。

(6) 「の」

① 질문

どこへ行くの。

② 가벼운 단정

いいえ、違うの。

③ 설득, 명령

だまって食べるの。

(7) 「こと」(女)

① 감동

本当にきれいな風景ですこと。

② 동의, 권유

冬には北海道にでも旅行してみませんこと。

(8) 「もの」(女・児)

　∘ 변명, 이유 (~한 걸요)

　　知らなかったもの。

　　知りたいんですもの。

(9) とも

　∘ 의심, 반대의 여지가 없음 (~고 말고)

　　この本借りていいですか。ええ、結構ですとも。

　　これはあなたが作ったんですか。そうですとも。

(10) かしら

　① 의문의 심정을 혼자말로 나타냄

　　あの人は本当に来るかしら。

　② 상대방에 대한 질문

　　この本、あなたのじゃないかしら。

- 息子にこれからはうそをつくなと言いました。
- 私はこの本を先週返却すべきであったのに。
- 彼は医者か弁護士かどちらかになりたいと思っている。
- ピアノを始めて間もないのに、プロも舌をまく程上手にひく。
- 二週間ほど前、新聞の広告に出ていましたが、
- いろいろ考えたすえ、敵と戦うことにした。
- いくら君が来いと言ったって、行くものか。
- 試験に失敗したからって、あまりがっかりするなよ。
- あした、きっとうちにいらっしゃってね。
- いっしょうけんめいに勉強しようじゃありませんか。
- そんなばかげたことが、どうして許されようぞ。
- 今度まちがえたら承知しないぞ。
- これも食べてはいけないって。それじゃ何を食べればいいのさ。
- 知っていたけど、言わなかっただけさ。
- さすがに新幹線は速いもんですね。
- きれいな着物を着て、どこへ行くの。
- 今おなかがいっぱいなので、何も食べたくないの。
- 世の中に完全というものがありうるだろうか。
- どんなに頼まれたって、もう決して世話をしてやるものか。
- あなたも私の結婚式に出席して下さるかしら。
- 日本語が読めても話せないんですからだめですねえ。
- 昔のことを思い出すとなつかしいね。
- 車がぶつかるって恐しいことですよ。
- おとなの言うことは聞くものだ。
- このナイフはほんとうによく切れること。
- 一日中一人きりで家にいると気がおかしくなりますよ。
- きょうは天気が悪いから、どこへも行くなよ。
- あしたは用事があるから、会社を休むとの話でした。
- 日本の漢字の読み方はいくとおりもあって難しいね。

- 僕はようやく日本語の勉強にあぶらが乗ってきたよ。
- もしもし、今どこにいるの? 渋谷さ。君も来るかい。
- 日本からのお客さんがいらっしゃるのはいつだったっけ。
- 早く八月にならないかしら。山に行きたいわ。
- 火曜日は休みだと知っていたら、来なかっただろうに。
- 君のようなうそつきの言うことなど信用するものか。
- あした月給がもらえるかどうか、まだわかりません。
- チンおじいさんは、何を見て感心しましたか。
- 我が国で勉強している外国人の留学生は毎年ふえているってね。
- 子どものころはこのへんでよくあそんだっけ。
- あなたは日本で何の勉強をするんでしたっけ。
- 私が、来てもよいと言うまでは、決して来るな。
- あすの夜、わたしのうちへいらっしゃいな。
- あなたも私の結婚式に出席して下さるかしら。
- 糸山君にはファッションショーなんて、興味がないかな。
- 夏には、ハワイにでも旅行してみませんこと。
- あの男の人は見栄っ張りで、尊敬なんかできないんですもの。
- あんなに頭の悪いやつなんか、何にも考えてやるもんか。

1. 다음의 助詞들 중에서 알맞은 것을 골라 (   ) 속에 넣으시오

かな	こと	ものか	てば	ぜ
もの	け	い	な	

(1) いったいいつになったら涼しくなるの(   )。

(2) 若い時にはよくピアノを弾いたっ(   )。

(3) 早く出かけましょうっ(   )。

(4) そんな危ない所へは行く(   )。

(5) あの人にいくら言ったって無理だ(   )。

(6) 誰が手伝いなどする(   )。

(7) なぜそんな危ない所へ行くんだ(   )。

(8) 宿題がまだすまないんです(   )。

(9) どうしてそんなことを言ったんだ(   )。

(10) だって外はとても寒いんです(   )。

2. (   ) 속에 적당한 助詞를 써 넣으시오

(1) お客さん(   )さっき(   )お待ちです。

(2) どこ(   )も自分の生まれた国が一番住みやすい。

(3) こちらは高山さん(   )おっしゃる方です。

(4) 乗客は電車が着く(   )いな(   )電車にとび乗った。

(5) 夜になればなる(   )温度が下がった。

(6) さっき聞いた(   )の話をもうわすれてしまった。

(7) よろしかったら、お茶(   )御一緒にいかがですか。

(8) ヒマラヤは夏で(   )雪がある。

(9) これ(   )あればしめたものだ。

(10) 雑誌売りの子がかわいそうだった(   )、一冊買ってやった。

3. (   ) 속에 알맞은 助詞를 골라 넣으시오

(1) だってきらいんだ(   )。

　　① のみ　　② もの　　③ の　　④ ね

(2) 一人(　　　　)順番に部屋に入ってください。
　　① なら　　　② のみ　　　③ だけ　　　④ ずつ

(3) 五分(　　　　)ないから、今から行くのは無理だ。
　　① くらい　　② ほど　　　③ きり　　　④ なり

(4) 荷物は運びだすさん(　　　　)になっている。
　　① ばかり　　② だけ　　　③ しか　　　④ ゆえ

(5) ガスどころか水道(　　　　)ないような不便な所だ。
　　① すら　　　② のみ　　　③ ほど　　　④ だって

(6) お茶(　　　　)コーヒーなり何かのみものがほしいんです。
　　① でも　　　② なり　　　③ やら　　　④ さえ

(7) あなたのおっしゃることは、何のこと(　　　　)わかりません。
　　① も　　　　② すら　　　③ やら　　　④ さえ

(8) 田舎のこと(　　　　)何もございませんが、どうぞゆっくりなさってください。
　　① ゆえ　　　② して　　　③ から　　　④ なり

(9) 大阪から東京までは新幹線で約三時間(　　　　)かかります。
　　① ぐらい　　② しか　　　③ だけ　　　④ ごろ

(10) 今日は日曜日(　　　　)、どうして学校へ行くの。
　　① こそ　　　② のため　　③ なので　　④ なのに

(11) 竹下さんは、こんなやさしい仕事(　　　　)一人でやるのは無理だ。
　　① しか　　　② なり　　　③ のみ　　　④ だって

(12) 今年の我が国の景気は少し(　　　　)上向きになると考えられる。
　　① ずつ　　　② から　　　③ でも　　　④ しか

(13) たまには芝居(　　　　)を、ごらんになりますか。
　　① ばかり　　② のみ　　　③ など　　　④ だけ

(14) ピアノは好きな(　　　　)、人に聞いてもらえるほどの腕ではない。
　　① くせに　　② ものの　　③ ものを　　④ もので

(15) 田中さんは、あんないい奥さんがいたから(　　　　)、出世できたのでしょう。
　　① には　　　② として　　③ こそ　　　④ ものを

MEMO NOTE

12 :: 助詞〈Ⅲ〉

文法説明 ● ● ● ● ● ● ● ● ● ● ● ● ● ●

❶ 「くらい(ぐらい)」와 「ほど」

(1) 「くらい」와 「ぐらい」의 사용은 개인의 差

(2) 「くらい」와 「ほど」는 교체가 가능하나, 「くらい」는 「ほど」에 비해
    마이너스적인 효과가 있음.
    ・ ビールくらいはのむさ。　　　　　　　（ほど×）
    ・ それぐらいのことではだめだ。　　　　（ほど×）
    ・ 途中でやめるくらいなら、やらない方がましだ。　　　（ほど×）
    ・ そんなばかなことを言うのは、あなたぐらいのものです。　（ほど×）

(3) 否定이 막 바로 이어질 때는 「ほど」를 사용
    ・ てんぷらも高いが、すしほどじゃない。（くらい×）
    ・ 今日ぐらい忙しい日はなかった。

❷ 「だけ」와 「のみ」

(1) 「のみ」는 文章体的表現、「だけ」보다는 「のみ」가 조금 딱딱한 느낌

(2) 「だけ」와 「のみ」는 교체가 가능하나, 相当量(比例量)을 나타내거나
    慣用的表現일 경우는 例外.
    ・ 今どこかに泊まるだけの金はある。（のみ×）

∘この髪型なら和服のみならず洋服にも似合う。(だけ×)

❸「ば」、「たら」、「なら」、「と」

(1) 「なら」: 「AならB」의 形으로, A보다는 B가 빠른 時間的 関係를 나타낼 때.
　　∘写真をとるならカメラを貸してあげよう。

(2) 「たら」: 뒤에 명령 및 의뢰 등이 올 경우는 「ば」 및 「と」로 대체될 수 없음.
　　∘手紙を書くと(けば)、この封筒に入れてください。(×)
　　∘手紙を書いたらこの封筒に入れてください。

(3) 「ば」: 文末에 과거형을 허용치 않음.
　　∘電気をつけると(つけたら)、明るくなった。
　　∘電気をつければ明るくなった。(×)

(4) 「と」: 文末에 의지, 명령 등을 허용치 않음.
　　∘天気がよければ(よかったら、よいなら)、出かけよう。
　　∘何か問題があれば(あったら、あるなら)、相談に来なさい。
　　∘天気がよいと、出かけよう。(×)
　　∘何か問題があると、相談に来なさい。(×)

❹「やら」

① 불확실한 상상 (~인지)
　　完成するのはいつのことやら。
② 불확실한 기분 (~인가)
　　何やら言っている。
③ 열거 (~와, ~이며)
　　踏まれるやらけられるやらひどい目にあった。

❺「ものを」: 탄식

   ① ~련만

      早く買ってくれればいいものを。

   ② ~것을 (~인데)

      あんなにいやがるものを無理にさせるのではなかった。

❻「ものの」: 아쉬움

   ◦ ~했으나 (~했지만)

      引き受けはしたもののどうしたらいいのか分からない。

基本文 ● ● ● ● ● ● ● ● ● ● ● ●

- これは専門家にだって簡単に解ける問題ではない。
- 私はこの曲を聞くと昔のことを思い出します。
- 買物をするなら、デパートに行った方がいいです。
- 父を失い、母にさえ別れてしまった。
- そうですとも。悪いのはあいつにきまっています。
- 打つやらけるやら、ひどいことをしていじめています。
- 少しくらいいたいからといって泣いたりするもんじゃない。
- 雨が降ってきただけでなく、かみなりさえなりだした。
- 女の子でもできることを男のお前にできないはずはないよ。
- 部屋につくえが一つあるきりでほかには何もない。
- あなたが大声をだしたばかりに子供が泣きだしてしまった。
- 焼くなりにるなり好きなようにして食べたらいいでしょう。
- みんなに知らせるなら早い方がいいでしょう。
- 暗くならないうちに帰って来さえすれば、そこへ行ってよろしい。
- こうなったからにはあやまるほかない。
- 昨日は目がまわるほど忙しかったんです。
- 雨がふろうと、風がふこうと、毎日出かけて行きました。
- このとけいったらすぐとまってしまってだめなんだ。
- これはいつやらさしあげるとおやくそくをした本です。
- 花が咲いたと思ったらすぐ散ってしまった。
- きょうは、あたたかいこと。春のようね。
- だって、あしたは日曜日だもの。
- ああ、のどがかわいた。水が飲みたいなあ。
- 久しぶりにお酒を飲んだら、酔っぱらってしまいました。
- きょう都合が悪ければあしたでもいいですよ。
- 私は、ただ友だちを待っているだけなのです。
- 出発するのが早ければ早いほど、それだけ早く帰れる。
- 彼といっしょに行くくらいなら、むしろ家にいたほうがいい。
- お金さえあれば、幸福だという考えは、まちがいである。

- いまのところ、頭をかかえるほどの困った問題は起こっていない。
- 日本語ができるといっても、日常のやさしい会話ができるにすぎない。
- 娘としてお父さんに申し上げます。
- 君の知っている漢字の数っていくつぐらい。
- あの人はいつも人のあげ足をとってばかりいる。
- 日本人ほど外国人の評判を気にする国民はいません。
- あした雨が降ればどこへも出かけません。
- 私は力の及ぶかぎりあなたをお助けします。
- あら、もう五時だわ。食事の仕度をしなくちゃ。
- 辞書さえあれば日本の新聞も読むことができる。
- それは近い将来において実現するであろう。
- 彼はテニスが上手でもなければ、下手でもない。
- 少しぐらい痛くたってがまんなさい。
- このごろは女の人まで野球をやるようになりました。
- あの人は背が高いばかりでなく、ハンサムである。
- 教育の目的は単に知識をあたえることのみではない。
- 田中さんやら山田さんやらがあそびに来ました。
- 用意は全部できた。あとはただ決行するのみだ。
- あの人はそばにいても聞こえないほど小さい声で話します。
- 学校は出たものの勤め先はない。
- 都合がつけられたものを知らせが届かなくて行けなかった。
- 誰が今度の選挙に出馬するのやら、全く見当がつかない。
- あんまりいいお天気なもので、ついそのへんを散歩してみたくなりました。
- 急ぎの用があって電話したところ、話し中で連絡がとれなかった。

1. 올바른 것에 ○표 하시오

(1) 交通の便が悪いから、歩いて(しか ・ だけ)行けません。

(2) 彼は多額の借金があるので、日曜日(までに ・ まで)働かなければならない。

(3) この洗濯機は、スタートボタンを押す(だけで ・ でだけ)終わりまですべてやってくれる。

(4) 柔道の国際試合の決勝戦は韓国同士(と ・ の ・ との)闘いとなった。

(5) その夜は口もきけない(ほど ・ だけ)疲れていた。

(6) 雨が降っている(ものの ・ ものを)、出かけることにした。

(7) みなさんに、りんごを三個(ずつ ・ でも)さし上げます。

(8) これ(のみ ・ さえ)あれば、ほかには何もいりません。

(9) すみませんが、千円(も ・ ほど)かしてくださいませんか。

(10) 今着いた(だけで ・ ばかりで)、まだ荷物をほどいていません。

(11) あの人は新米の(ために ・ くせに)なまいきだ。

(12) 負ける(ほど ・ くらい)なら死んだ方がいい。

(13) 朝ねぼうをした時でも、顔(ぐらい ・ ほど)はあらっていらっしゃい。

(14) いくら損した(ところで ・ ところ)、五、六千円ぐらいだろう。

(15) 癌になったとはいえ、必ず(しも ・ も)死ぬとはかぎらない。

2. (　　　　) 속에 알맞은 말을 골라 넣으시오

(1) 私たちは英語(　　　　)でなく日本語もできます。
　　① くらい　　② でも　　③ だけ　　④ ほど

(2) 私は甘い物(　　　　)辛い物のほうがすきです。
　　① だけ　　② から　　③ より　　④ くらい

(3) おとな(　　　　)わからないようなことを子供に聞いてみても、わかるはずがない。
　　① こそ　　② ですら　　③ ほど　　④ でこそ

(4) 学生(　　　　)外国語はむずかしいものです。
　　① ならば　　② にとって　　③ だけ　　④ に関して

(5) 東京まで来るのは大変だったが、来た(　　　　)のことはあった。
　　① だけ　　② ばかり　　③ くらい　　④ ほど

(6) 君で(　　　　　)失敗したのだから、私にできるはずがない。
　　① まで　　　　② も　　　　　③ すら　　　　④ だけ

(7) あきらめた(　　　　　)、とてもくやしかった。
　　① くせに　　　② ところか　　③ ものを　　　④ ものの

(8) 口に入るものなら、何(　　　　　)食べてしまいます。
　　① だって　　　② よりも　　　③ ほど　　　　④ なんぞ

(9) おなかがすく(　　　　　)、なにかもって行きましょう。
　　① ので　　　　② だって　　　③ ため　　　　④ ものの

(10) すわって(　　　　　)いないで、たまには運動しなさい。
　　① だけ　　　　② のみ　　　　③ ばかり　　　④ ほど

(11) 先生(　　　　　)人間ですもの、まちがえることもあるでしょう。
　　① でも　　　　② だって　　　③ さえ　　　　④ しか

(12) 夏の洋服には水色(　　　　　)いいと思うよ。
　　① とも　　　　② さえ　　　　③ くらい　　　④ なんて

(13) だれ(　　　　　)一度はしなければならないことです。
　　① しも　　　　② も　　　　　③ さえ　　　　④ しか

(14) 部屋代が高い(　　　　　)、食事がまずいだのと文句ばかり言う。
　　① ので　　　　② から　　　　③ だの　　　　④ と

(15) よくわかりもしない(　　　　　)、そんなことを言うものではない。
　　① ところ　　　② ものを　　　③ もので　　　④ くせに

MEMO NOTE

13 :: 助動詞〈I〉

 文法説明 ● ● ● ● ● ● ● ● ● ● ● ● ●

❶ 助動詞의 種類

　(1) 受身・可能・尊敬의　助動詞 : れる、られる

　(2) 使役의 助動詞 : せる、させる

　(3) 希望의 助動詞 : たい、たがる

　(4) 否定의 助動詞 : ない、ぬ(ん)

　(5) 過去・完了의 助動詞 : た(だ)

　(6) 断定의 助動詞 : だ(です)

　(7) 伝聞의 助動詞 : そうだ

　(8) 様態의 助動詞 : そうだ

　(9) 丁寧(ていねい)의 助動詞 : ます

　(10) 推量・意志의　助動詞 : う、よう

　(11) 否定推量・否定意志의 助動詞 : まい

　(12) 比況의 助動詞 : ようだ

　(13) 推定의 助動詞 : らしい

❷ 助動詞의 用法

　(1) せる、させる

　　① 使役　　花子を学校に行かせた。

　　　　　　　子供にむりやりに食べさせた。

(2) れる、られる

　　① 受身　　会議は1時から開かれる。

　　② 可能　　歩いて十分で行かれる。

　　③ 尊敬　　先生は明日上京されます。

　　④ 自発　　故郷の母がしのばれる。

(3) たい、たがる

　　① 希望　　そんなにやりたければしてもよい。

　　　　　　　新しいことをしりたがる。

(4) ない(ぬ、ん)

　　① 否定　　だれも来ない時はどうしますか。

　　　　　　　りんごは食べません。

(5) そうだ

　　① 様態　　日本へ行きたそうだ。

　　② 伝聞　　あした雨が降るそうだ。

(6) まい

　　① 否定推量　　まさかそんなことはあるまい。

　　② 否定意志　　見まいと思いながらつい見る。

(7) ようだ

　　① 比喩　　　　　あまりに以外で夢をみているようだ。

　　② 不確実한　断定　彼女は何も知らないようだった。

　　③ 例示　　　　　彼のような男が必要だ。

　　④ 目的　　　　　会に遅れないように急いだ。

(8) らしい
　　① 推定　　彼は疲れているらしい。
　　　　　　　どうやら遅いらしい。

(9) う(よう)
　　① 推量　　夜は静かだろう。
　　② 意志　　お父さんに手紙書こう。
　　③ 勧誘　　一緒に行こうよ。

(10) ます
　　① 丁寧　　あした東京に行きます。

基本文 ● ● ● ● ● ● ● ● ● ● ● ●

- 私は3年前家内に先立たれました。
- ことによっては成功しまいものでもない。
- 被害者は車にひかれて即死した。
- その仕事はぜひ私にやらせて下さい。
- バスが遅れて、三十分も待たされた。
- 今冷房中ですから窓を開けてはいけません。
- 客に来られて私は仕事ができなかった。
- 彼は自分が不公平に取り扱われたと不平を言った。
- 君はそれが好きであろうとなかろうと、それをしなければならない。
- 学生もここへ来させていっしょに話し合いました。
- 我が国の大きさの半分にすぎない国でした。
- 払うべきものを全部払わないと安心できない。
- 肩をたたかれて、はっとわれに返った。
- 木下君にあした学校に来るように言って下さい。
- 赤ん坊の顔はいまにも泣きそうにゆがんだ。
- 前に一度行ったことがありますから、一人で行かれます。
- 先輩が田中さんをここに来させました。
- また忘れ物をして先生に叱られました。
- ひとりでほっておかれたら、彼は何もできないだろう。
- 食べ物なしで生きられないのと同様、眠りなしでは生きられない。
- 私がこの前彼に会った時は、彼はとても元気そうであった。
- 敵に見つからないように、私たちは身体を動かさないでいた。
- じきに上手になれますから、どんどんしゃべりなさい。
- その国は静かな朝の国で、とても美しいにちがいない。
- このごろはあまり女らしくない女性もいる。
- 僕もおばあさんからよく聞かせてもらったもんだ。
- テレビに夢中になって、自分の生活を乱すようなことがあっては困る。
- 秋から冬にかけて晴れた日が多い。
- 人の評判を気にしては仕事はできません。

- 義務教育を終えているのだから、新聞は読めるはずだ。
- くわしく調べた上で、判断をくだしたいと思います。
- もうひとりの王子も、気の毒なことに、牢に入れられた。
- 待合室で隣の人にたばこを吸われていやでした。
- そのことは百科事典で調べれば、多分わかるだろう。
- あの人のとっぴな考え方は到底理解しがたい。
- だいぶ冷えてきたから、今夜は雪になるかもしれない。
- 先生は学生たちに自分の名前を漢字で書かせました。
- やさしい問題だといって、油断してはならない。
- わたしとしては、その場合、そうせざるをえなかった。
- ここでちょっと、われわれのふだんの油断のしかたをふり返ってみよう。
- 彼がいやだと言うなら、無理には頼むまい。
- いやなのに人前で歌を歌わされて点をつけられた。
- 向こうがあやまらないかぎり許さない。
- これは資料にもとづいて書かれたものである。
- 女性は、本当に陰口に生きがいを感じておられるように思われます。
- ほんとうに、東京で青空が見られるなんて久しぶりですね。
- 職業によっては、制服があるのが当然だとされているようです。
- 質の悪いものは、買うより買わないほうがましです。
- 日本に参りまして、もはや三年になりました。
- あの人はさかながきらいだからすしなどは食べたがるまい。

1. (　　　　　) 속에 알맞은 것을 골라 넣으시오

(1) 門をしめ(　　　　)しまって、中に入ることができない。
　① させられて　　② られて　　③ れて　　④ させて

(2) 私もご一緒にまいり(　　　　)ございます。
　① たい　　② きる　　③ よう　　④ とう

(3) もし雨がふら(　　　　)あそびに行きましょう。
　① ないでしたら　② なければ　③ なかったら　④ なけば

(4) もう一度よく考えてみ(　　　　)じゃありませんか。
　① よう　　② とう　　③ まい　　④ そう

(5) 大学におはいりになった(　　　　)、おめでとうございます。
　① そうで　　② らしくて　　③ ようで　　④ よう

(6) あの人の話を聞くと、仕事はなかなかつらい(　　　　)ですよ。
　① まい　　② よう　　③ たがる　　④ もの

(7) 研究室のドアに「録音中、(　　　　)」と書いてあるから、今は入れないよ。
　① 入るべし　② 入らず　③ 入るべからず　④ 入らぬ

(8) 彼に面会を申し込んでも、何かの理由をつけて断られるのは想像
　(　　　　)。
　① にかたくない　② に先立つ　③ に応じない　④ にこたえる

(9) まるで石のように固いパンをたべ(　　　　)。
　① させられた　　② された　　③ られた　　④ れた

(10) 体の調子が悪く、旅行をとりやめ(　　　　)。
　① ずをえなかった　　　② ずをうなかった
　③ ざるをえなかった　　④ ざるをうなかった

(11) 今にして思えば、あの時はっきりと断る(　　　　)だった。
　① もの　　② べき　　③ よう　　④ そう

(12) きのう電話をしておいたから、彼は知っている(　　　　)です。
　① よう　　② ため　　③ わけ　　④ はず

(13) 彼女の今日の成功は長年の努力のたまものに(　　　　)。
　① なるはずだ　　　　② ほかならない
　③ しかならない　　　④ なるのだ

(14) 彼は大学を受験する(　　　　　)で上京してきた。
　　① つもり　　　② はず　　　③ ため　　　④ よう

(15) 彼が失敗しようがし(　　　　　)が、私の責任ではない。
　　① ない　　　　② ます　　　③ まい　　　④ にくい

(16) どうも、あの男にだまされた(　　　　)気がする。
　　① そうな　　　② らしい　　③ もののような④ ような

(17) 語学は若いうちにやる(　　　　)だ。
　　① わけ　　　　② べき　　　③ のみ　　　④ はず

(18) 無理だとわかっていても、一度はやってみないと、あきらめが(　　　　)。
　　① つかない　　② きめない　③ 来ない　　④ しない

(19) この事に関しては私は発言(　　　　)ずにはいられない。
　　① する　　　　② せぬ　　　③ 行わ　　　④ せ

(20) 父は弟にテレビの音を小さく(　　　　)。
　　① させられた　② やられた　③ せられた　④ させた

(21) 十五分しかないから電車にまに(　　　　)だろう。
　　① あわず　　　② あえない　③ あわない　④ あう

(22) 田中さんから今日(　　　　)と言う連絡がありました。
　　① こない　　　② きない　　③ こられない④ くるまい

(23) 道を知って(　　　　)教えていただきましょう。
　　① おられれば　② おれば　　③ おると　　④ おられば

(24) このつゆこそさいきんを(　　　　)条件をそろえているのである。
　　① ふえる　　　② ふえさせる　③ ふえさせられる④ ふえられる

(25) 月を見ているとくにのことが思い(　　　　)ます。
　　① 出させられ　② 出され　　③ 出し　　④ 出させ

MEMO NOTE

14 :: 助動詞〈II〉

　文法説明 ● ● ● ● ● ● ● ● ● ● ● ●

❶ 受身形態가 될 수 없는「漢語＋する」

① 発展する(발전되다)　② 普及する(보급되다)

③ 関係する(관계되다)　④ 発生する(발생되다)

⑤ 緊張する(긴장되다)　⑥ 関連する(관련되다)

⑦ 矛盾する(모순되다)　⑧ 安定する(안정되다)

⑨ 感染する(감염되다)　⑩ 感動する(감동되다)

⑪ 成長する(성장되다)　⑫ 判明する(판명되다)

⑬ 麻痺する(마비되다)　⑭ 運休する(운휴되다)

❷ めいわく受身：日本人은 피해 의식 표현을 주로 受身形으로 나타냄

  ◦雨に降られて、びしょぬれになった。

  ◦彼は子供のときに母親に死なれた。

❸ 様態의「そうだ」：名詞에는 接続치 못함

  ◦それはまるで夢そうだ。(×)

  ◦それはまるで夢のようだ。(○)

  ◦それはまるで夢みたい。(○)

❹ たがる

  ① 第三者의 希望

    。山田さんはアメリカへ行きたがっている。

  ② 一人称二人称(過去의 회상)

    。私がその本を読みたがっているのに、彼は貸してくれなかった。

❺ 「~が…たい」「~を…たい」：둘 다 허용

  。水が飲みたい。(절실)　　　　　。水を飲みたい。(평범)

❻ 「降らなかろう」「降らないだろう」：둘 다 推量表現들이지만,

  「降らなかろう」는 현재 별로 사용되지 않음.

❼ 「ぬ」「ん」：「ぬ」는 주로 文語体에서 사용. 「ぬ」의 연용형인 「ず」

  「ずに」는 회화체에서도 많이 사용. 「ん」은 「ません」의 형태로 쓰임.

  。本を読まぬことはない　　　　。本を読まねばならぬ。

  。本を読みません。

❽ 形容詞는 語幹에 「そうだ(様態)」가 붙지만, 「よい」「ない」에 접속할

  때만은 語幹에 「さ」를 붙여서 씀.

  。天気がよさそうですね　　　　。自身がなさそうです。

❾ 「~そうに(も)ない」：様態「そうだ」의 否定은「そうではない」가

  아니라「そうにない」「そうもない」「そうにもない」이다.

  。今度の試合は勝ちそうにもない。

  。この辺にはたばこ屋がありそうにもない。

❿「~させていただく」：丁寧表現, 매우 겸손한 표현임

　∘今日は早めに帰らせていただきます。

　∘明日は休業させていただきます。

　∘先生のお手紙、拝見させていただきました。

- 夜おそく電話をかけられると迷惑だ。
- 彼女はそわそわして、山へ行きたそうだ。
- 先生が大阪に電話をかけられた。
- 中村さんは英語とフランス語が話せます。
- 本が作られるためにはいくつもの工程がある。
- そんなに大人の話を聞きたがるものではない。
- 彼はきょう暇ではなさそうです。
- この曲を聞くと学生時代に戻ったような感じがします。
- きみはもっと注意せねばならなかったのに。
- 彼がだれであろうと私は助けねばならない。
- 私が何をしようと、だれも気にとめる者はなかった。
- 今日電車の中で山田さんらしい人を見かけました。
- 彼は急になにも言わずに席から立ち上がりました。
- そのお金を、全部とは言わぬまでも、少しは下さい。
- 日光は新鮮な空気におとらず健康に必要だ。
- のまずくわずに働いて家族をやしなう。
- あれほどの努力にもかかわらず、うまくいかなかった。
- 高くつくものが必ずいいものだとは言えません。
- このことは、ほかの人に言わないでおいてください。
- 雨にもまけず、風にもまけず、毎日働きつづけた。
- あのまじめなおとなしい男が、そんな事件に関係していたなんて、とうてい信じられない。
- ぼくの父はカメラマンで、長い間、映画に関連した仕事をしている。
- ひとたび事件が発生すると、パトカーは直ちに現場に直行します。
- 道を歩いていたら、アメリカ人旅行客から道を聞かれた。
- 私は朝早く起きられないので、いつも学校に遅れてしまいます。
- 風邪がはやっているらしく、咳をしている人がずいぶん多いです。
- 貧しい国では、水に不自由をすることもあるそうだ。
- この点については、以下のごとく解釈することができよう。

- 旅行に行った時、そこでしか手に入らないものを次々と買いあさった。
- 誰も引き受けてくれないのだから、私自身がやらざるを得ない。
- これといったものは見当たりません。
- 初めは四、五人で会うつもりだったが、話が発展して、クラス会を開くことになった。
- 電車にひかれかけた人を命がけで救った駅員の行動をテレビで知って、深く感動した。
- 事故があったらしく、この先五キロほど交通が麻痺しています。
- カラーテレビが全国に普及していったのは、昭和四十年になってからです。
- 日本では子供にあいさつを言いわすれないよう、きびしくしかりつけるそうです。
- あこがれの人が尊敬する人に変わったような気がします。
- この本は初級の学生にはあまりやさしくなさそうだ。
- あのころは、休みになれば、山に登りたがったものです。
- 私がその本を読みたがっているのに、彼は貸してくれなかった。
- 私は子供のころ母に死なれて、勉強ができなかった。
- 子供に夜中に熱を出され、救急車を呼びました。
- 彼女はとても回復の見込みのつかないほど深く自分の腕を傷つけられていた。
- 私が子供のとき、本を読みたがると、父はすぐに買ってくれたりした。

練習問題 ● ● ● ● ● ● ● ● ● ● ● ●

1. (　　　　　) 속에 使役이나 否定의 助動詞를 써넣으시오

 (1) 本を読(　　　　　)ばかりが能ではない。

 (2) 戸があかなければ、中にははいれ(　　　　　)。

 (3) 彼に様子を見(　　　　　)たらどうですか。

 (4) やはり彼自身を直接行(　　　　　)た方がいいでしょう。

 (5) もし雨が降ら(　　　　　)たらあそびに行きましょう。

 (6) もっと早くね(　　　　　)てはいけませんよ。

 (7) 写真をとったことがあれほど中島選手を怒ら(　　　　　)とは意外だった。

 (8) 講義がだんだん分から(　　　　　)なりました。

 (9) ビールも飲めないのに、先輩にウィスキーを飲(　　　　　)られました。

 (10) 泣いてばかりい(　　　　　)で、わけを話しなさい。

2. (　　　　　) 속에 「たい、たがる」의 알맞은 活用形을 써넣으시오

 (1) 聞き(　　　　　)事があったら何でも聞いて下さい。

 (2) 人間はどうしても楽な生活をし(　　　　　)。

 (3) 休み(　　　　　)ばやすみなさい。

 (4) 疲れているんだろう。眠り(　　　　　)ば眠ってもいいよ。

 (5) 私の友達は東京へ行き(　　　　　)ています。

3. (　　　　　) 속에 알맞은 말을 골라 넣으시오

 (1) 台風が近づいているから、風が強くなってきた(　　　　　)。
　　　① はずだ　　　② のだ　　　③ べきだ　　　④ ものだ

 (2) 人に会ったらあいさつぐらいする(　　　　　)。
　　　① ものだ　　　② はずだ　　　③ のだ　　　④ わけだ

 (3) 時差が4時間あるから、日本時間のちょうど正午になる(　　　　　)。
　　　① のだ　　　② ものだ　　　③ つもりだ　　　④ はずだ。

 (4) こんないやな所へは、もうぜったいに(　　　　　)と思いました。
　　　① きまい　　　② こまい　　　③ こないつもり　　　④ きないつもり

 (5) かなしくて、なか(　　　　　)いられない。
　　　① ないで　　　② せずには　　　③ なくて　　　④ ずには

(6) やむをえ(　　　　)事情で学校をやめます。
　　① られる　　　② る　　　　　③ ぬ　　　　　④ ず
(7) あの人はぶた(　　　　)なんでもよく食べる。
　　① みたいに　　② らしく　　③ のようで　④ ごとく
(8) その夜の月の光はまひる(　　　　)明るさだった。
　　① ごとき　　　② のごとき　③ ごとく　　④ のごとく
(9) 実行し(　　　　)計画をたててもむだだ。
　　① える　　　　② うる　　　③ えない　　④ うない
(10) 今日はいそがしいので、あそんでいる(　　　　)にはいかない。
　　① ため　　　　② つもり　　③ はず　　　④ わけ

4. 두 문의 의미가 같으면 ○표를, 다르면 ×표를 하시오
　(1) (　　　　) この本は先生に貸してもらった。
　　　　　　　　　この本は先生に借してあげた。
　(2) (　　　　) 先生が新しい本を書かれた。
　　　　　　　　　先生が新しい本をお書きになった。
　(3) (　　　　) これから先生がお話をされます。
　　　　　　　　　これから先生がお話をなさいます。
　(4) (　　　　) 私は日本語が勉強したいです。
　　　　　　　　　私は日本語を勉強したいと思っています。
　(5) (　　　　) 子供が夜中に熱を出し、救急車を呼びました。
　　　　　　　　　子供に夜中に熱を出され、救急車を呼びました。

MEMO NOTE

15 :: 助動詞〈III〉

文法説明 ● ● ● ● ● ● ● ● ● ● ● ● ● ●

❶ 推量の 助動詞 : 「らしい」「そうだ」「ようだ」「みたいだ」

  ○「らしい」: 객관적 판단의 추량　雨が降るらしい。

  ○「そうだ」「ようだ」: 주관적 판단의 추량

　　雨が降りそうだ。　　雨が降るようだ。

  ○「みたいだ」:「ようだ」의 口語的인 표현

　　彼みたいな人物はめずらしい。

　　彼のような人物はめずらしい。

❷「せる(させる)」＋「れる(られる)」

  ① 순서 : 食べさせられる。　　歌わせられる

  ② 意味 : 썩 내키지도 않는데도 부득이하게 ~하게 되는 것

　　忙しいのに長い手紙を書かせられた。

　　彼女のことでいろいろと考えさせられた。

❸ 受身の 種類 :「れる、られる」

  ① 直接受動

　　先生が渡辺君を叱った。→ 渡辺君は先生に叱られた。

  ② 間接受動 (被害受動)

　　友達が来る。→ 友達に遊びに来られて困りました。

③ 所有者受動

先生が私の作文をほめた。 → 私は先生に作文をほめられた。

④ 無感情物受動

2年ごとに国際会議を行う。 → 国際会議は2年ごとに行われる。

❹ 「なくて」「ないで」

° 形容詞文、名詞文 : 「なくて」만 사용

これはまんがではなくて雑誌です。

彼女の髪の毛は黒くなくて白いです。

° 動詞文 : 「なくて」「ないで」둘 다 사용

もっと早くねなくてはいけませんよ。

ご飯を食べないで学校へ行きました。

❺ 「まい」

(1) 현대어에서는 否定推量을 나타낼 경우, 「まい」보다는 「ないだろう」를 주로 사용함

(2) 接続

° 5段動詞終止形 ＋「まい」: 行くまい

° 他の動詞、未然形 ＋「まい」: 忘れまい。起きまい、来まい(来るまい)、

しま い(するまい)

(3) 활용 : 「まい」는 「う」「よう」와 마찬가지로 語形変化가 없다.

그러나 終止形으로 사용되는 것 외에 「こと」「もの」「はず」등의

한정된 体言에 붙는 連体形도 있다.

° あろうことか、あるまいことか。

❻ 可能의 意味를 나타내는 形態

① 5段動詞의 可能形 (e段 + る)

英語が話せる。

② 可能의 助動詞「れる・られる」

英語が話される。

③「~ことができる」形

英語を話すことができる。

- 山本君、あるいは君を行かせねばなるまい。
- これが完成したらどんなにすばらしいだろう。
- 先生にいきなり呼ばれて、どきっとしました。
- 都合が悪かったら、来なくてもいいですよ。
- 先生に絵が上手だとほめられました。
- いねむりをしていて、先生に叱られました。
- 先生は、趣味で油絵も書かれるそうです。
- 今度の試合は勝ちそうにもない。
- 外国で暮すということはほんとうに大変なようですね。
- 説明書を読んで内容がわかるようになりました。
- あまり食べる気がしないらしい。
- 食べようにも食べられない。
- 私は学校をやめさせていただきます。
- これはやわらかいから、子どもに食べさせられます。
- あなたには聞かせられない話です。
- あなたが家を出られたのは、何時ごろでしたか。
- あんなばかなことはもう二度としまい。
- 使おうが使うまいが、用意だけはしておいたほうがいい。
- もう9時です。あの人はきょうは来ないらしいですね。
- バスの中で中山さんらしい人を見かけました。
- あの人はないたような顔をしている。
- 今日はつかれていらっしゃるようですね。
- かぜをひかないように気をつけてください。
- くだものとか、かんづめみたいなものはどこに売っていますか。
- あの人は学校をやめたみたいなことを言っていたよ。
- あの人はわかく見えるが、もう50歳だそうです。
- 冬にはあなたはすきやきを食べたがっていましたね。
- 子どもはいやがっているのに、無理に進学させたがる親がいます。
- 私はむりやり医者にさせられなければ、画家になりたかった。

- 苦しそうに咳をしているところを見ると、彼も風邪をひいたらしい。
- 暑い日にはシャワーを浴びてから冷たいビールを飲みたい。
- 私は若い頃、大学へはあまり行かないで毎日映画館に行っていた。
- 医者から止められているのでお酒は飲めない。
- 吉村先生はオーストラリア政府から招待されて講演に出かけた。
- 金持ちにはなりたいけれど、人をだましてまで金もうけをしようとは思わない。
- スミス君は毎日何をしているやら、いっこうに学校に顔を出さない。
- 山口さんは良い人でねえ、何時間待たされても決して怒りません。
- こんな高価な服は、ハリウッドの映画スターだって持っていないよ。
- 兄は外国を回る船の船長をしているが、港ごとに恋人がいるらしい。
- 近ごろの大学生は、遊んでばかりいて全然勉強しようともしない。
- 平安時代には髪の毛が長くて濃いほど女性的だとされていた。
- ニューヨークには家を追い出され、行くあてのなくなった子供達がたくさんいる。
- アメリカやヨーロッパと違って、日本では物を率直に言わない。
- 親のありがたさは親が死んでからよくわかるようになるといわれている。
- 信用していた取引先の会社にうらぎられたのは、はなはだ残念なことだ。
- 山本さんはあの事件があってから、人間的にぐっと成長したようだ。
- 子供に死なれた川田さんご夫婦は、どんなに悲しがっているでしょう。
- 昨日の晩は食べ放題のレストランに行って、うんと食べた。
- 最近はストレスがたまって、胃が病気でもないのにきりきり痛む人が多いそうだ。

1. 두 文에 있는 「れる、られる」의 用法이 같으면 ○표를, 다르면 ×표를 하시오.
   (1) (　　　) 先生の言われるとおりにしなさい。
   　　　　　　先生に言われたとおりにしました。
   (2) (　　　) 私は先輩に意見を求められた。
   　　　　　　被告人は死刑を宣告された。
   (3) (　　　) 子供にガラスを割られた。
   　　　　　　自動車にどろ水をかけられた。
   (4) (　　　) 先生に絵が上手だとほめられた。
   　　　　　　その質問には答えられません。
   (5) (　　　) 先生がこの大学に来られてから、学生が勉強熱心になりました。
   　　　　　　オートバイに乗られるのなら、このヘルメットをかぶって下さい。

2. 올바른 쪽을 선택하시오.
   (1) この手紙はだれにも(見せられません ・ 見られません)。
   (2) 使おうが使う(はず ・ まい)が用意だけはしておいたほうがいい。
   (3) お正月でも、映画(が ・ を)見ることができます。
   (4) 父は自分でテレビの音を小さく(した ・ させた)。
   (5) 行きたいんですが、なかなか(行けます ・ 行けません)。
   (6) 机の上に木が(並べています ・ 並んでいます)。
   (7) 窓が(開けてあります ・ 開けています)。
   (8) あんた、あたしに文句があるって(わけ ・ つもり)。
   (9) わずか十歳の子がこの絵をかいたとは、たいした(わけ ・ もの)だ。
   (10) この程度のことは、子供だってわかる(はず ・ つもり)だ。
   (11) 今回の計画の失敗は、推進委員会の責任に(ほか ・ しか)ならない。
   (12) 困っている人を見たら、助けて(くれよう ・ やろう)と思うのが人情だ。
   (13) 君は明日の会には出席する(つもり ・ はず)かい。
   (14) あの人はまだ学生なんです(もの ・ て)。
   (15) この程度の資料では、結論的なことは(言えまい ・ 言うまい)

3. 다음의 文에서 실제로 (　　) 속의 동작을 行하는 사람은 누구인가?
　(文중에 나와 있지 않은 경우도 있음)
　例) 私たちは赤ん坊に泣かれました。(泣く) → 〔赤ん坊〕
　(1) 子供に雨戸をしめさせた。(しめる) → 〔　　　〕
　(2) 先生はまた新しい本を書かれた。(書く) → 〔　　　　〕
　(3) 友達の仕事を手伝わされた。(手伝う) → 〔　　　　〕
　(4) 中山さんが先生に作文をほめられた。(ほめる) → 〔　　　　〕
　(5) 私は彼女に二時間も駅で待たされた。(待つ) → 〔　　　〕
　(6) 先日の台風で木がだいぶ倒された。(倒す) → 〔　　　〕
　(7) だれにでも勝手に使わせるわけにはいかない。(使う) → 〔　　　〕
　(8) 私は医者に酒をやめさせられた。(やめる) → 〔　　　〕
　(9) そんなに大人の話を聞きたがるものではない。(聞く) → 〔　　　〕
　(10) 私は子供のころ、よく動物園へ行きたがったようだ。(行く)
　　　 → 〔　　　〕
　(11) ゆうべは友達に遊びに来られて、勉強ができなかった。(来る)
　　　 → 〔　　　〕
　(12) これはやわらかいから、子供に食べさせられます。(食べる)
　　　 → 〔　　　〕
　(13) 夜おそく電話をかけられるとめいわくだ。(電話をかける)
　　　 → 〔　　　〕
　(14) 月を見ているとくにのことが思い出されます。(思い出す)
　　　 → 〔　　　〕
　(15) 彼は十五年間も女房に苦しめられ、ただ小説を書くだけに精神力を集中
　　　 したという。(苦しめる) → 〔　　　〕

MEMO NOTE

16 ∷ 敬語 〈I〉

文法説明 ● ● ● ● ● ● ● ● ● ● ● ● ● ●

■ 敬語動詞

普 通 語	尊 敬 語	謙 譲 語
する	なさる	いたす
行く	いらっしゃる おいでになる	まいる、(目上の所へ)伺う/上がる
来る	いらっしゃる おいでになる 見える、お見えになる	まいる、(目上の所へ)伺う/上がる
～てくる、～ていく	～ていらっしゃる	～てまいる、(目上の所へ)～て上がる
持ってくる/いく	持っていらっしゃる	持ってまいる、(目上の所へ)持って 上がる/持参する
いる	いらっしゃる おいでになる	おる
～ている	～ていらっしゃる	～ておる
言う	おっしゃる	申す、(目上に)申し上げる
訪ねる、訪問する		(目上の所へ)伺う/上がる
思う		存じる
知っている	ご存じです	存じている/おる (目上を)存じ上げている/おる
着る	召す、お召しになる	

食べる、飲む	あがる、召し上がる	いただく
風邪を引く	(お)風邪を召す	
気にいる	お気に召す	
年を取る	お年を召す	
聞く	(~が)お耳に入る	(目上の話を)伺う/承る/拝聴する
会う		(目上に)お目にかかる
見せる		(目上に)お目にかける/ご覧に入れる
見る	ご覧になる	(目上の物を)拝見する

※ 체크포인트

❶ お動詞連用形ください。 ご漢語名詞ください。 :「動詞てください」
보다 정중한 표현
　◦少々お待ちください。
　◦この件についてご説明ください。

❷ お動詞連用形です : 존경 표현, 현대어에서는「お動詞連用形になる」
를 쓰는 것이 일반적이다.
　◦もうお帰りですか。
　◦もうお帰りになりますか。

❸ お動詞連用形する : 가장 일반적인 겸양표현
　◦何かお手伝いします。
　◦お借りしたものはすぐお返しします。

❹ 尊敬語
　貴殿、貴下、貴兄、先生、教授、部長
　◦貴殿、貴下、貴兄는 편지 등에서만 사용

。文書 등에서는「○○部長殿」「○○教授殿」를 쓸 수 있다. 단「先生殿」는 어떤
　경우에도 가능치 않다.

❺ 漢語謙讓語

小生、　拝見、　愚見、　愚息、　拙者、　粗品

❻ 特殊謙讓表現

。お耳に入れる : 알리다(知らせる)의 겸양표현

。お目にかかる : 만나다(会う)의 겸양표현

。お目にかける : 보이다(みせる)의 겸양표현

- 先生は今本を読まれるところです。
- 事情は前々からうけたまわっておりました。
- 先生からのお手紙、拝見いたします。
- お医者さまがお見えになりました。
- えんぴつを一本買っておいでなさい。
- あす試験をしますからそのつもりでいてください。
- お忙しいところをおいでくださいまして、ありがとうございます。
- このかたは日本に来られたばかりで、日本語がおわかりになりません。
- 大学にお入りになったそうで、おめでとうございます。
- 粗茶でございますが、どうぞ召し上がってください。
- 何もありませんが、お好きなだけあがってください。
- 他の方にも相談してごらんになったらいかがですか。
- 私に行かせていただきたいんですが。
- うちの父が先生にそうもうし上げなさいと言いました。
- 母も姉も父兄会にまいると言っていました。
- あなたのおっしゃることはよくわかります。
- でも、この本は先生にいただいたものですから、さしあげるわけにはいきません。
- わたしの父もそう申しました。
- 田中先生が笑いながら答えられました。
- どうぞ召し上がってください。
- 先生のご意見を承りたいと存じます。
- 木下先生には前に一度お目にかかったことがあります。
- その人の所と名前をわすれましてもうしわけございません。
- 谷口先生が東京へいらっしゃったのは三年前です。
- 故障の際にはお求めになった販売店へご連絡下さい。
- 先礼ですが、ご主人はいつお亡くなりになったのですか。
- わざわざ宅急便でお送りくださらなくてもよろしかったのに。
- すみませんが、ここにご住所とお名前を書いていただきたいのですが。
- 毎度お引き立てにあずかりまして、ありがとうございます。

- 山口先生は今日こちらへはいらっしゃらないそうです。
- おばあさまのお土産はいつも孫たちに満足を与えていた。
- 沢田と申しますが、先生はいらっしゃいますか。
- 緊急の際は、乗務員の指示に従って下さい。
- すみません、木村先生はどちらにいらっしゃいますか。
- 佐藤さんは、どちらの大学を出られましたか。
- 鈴木先生は、いま主任教授をなさっています。
- わたくし、中村部長にお目にかかりたいのですが。
- あのう、このさいふをちょっと見せていただけませんか。
- ここにご住所とお名前をお書きください。
- この文の意味を説明していただきたいのですが。
- 駅へ行く道を教えていただけませんか。
- 早く医者に見てもらったほうがいい。
- この手紙をポストに入れてもらいたい。
- ここにおかけになってください。
- そのかたはとてもおやさしいかたですよ。
- てんらんかいをもうごらんになりましたか。
- 木村さんはあなたもよく御存じでしょう。

1. (　　　　　) 속에 알맞은 말을 골라 넣으시오

(1) 山田先生、さっき奥様がいらっしゃいましたが、(　　　　)か。
　　① ごらんになりました　　　　② お会いになりました
　　③ 見ました　　　　　　　　　　④ お会いしました

(2) 日本から(　　　　)ました山本です。
　　① まいり　　　　② おいでになり　　　③ 来られ　　　④ いらっしゃい

(3) 先生はいつ名古屋へ(　　　　)ましたか。
　　① おまいりになり　　　　② いらっしゃい　　　③ き　　　④ まいり

(4) 先生はいま会場に(　　　　)ました。
　　① お着きになり　　　② お着きし　　　③ 着きになり　　　④ 着きし

(5) これから、どちらへ(　　　　)か。
　　① お出かけです　　　　　　　② 出かけです
　　③ 出かけになります　　　　　④ 出かけします

(6) あなたのお手紙、嬉しく(　　　　)。
　　① 見ました　　　　　　　　　② 読みました
　　③ 拝見しました　　　　　　　④ お拝見しました

(7) お宅にはいつも何時に(　　　　)か。
　　① お帰りです　　② 帰りです　　③ 帰りします　　④ お帰りします

(8) あなたはあの映画をもう(　　　　)か。
　　① お見になりました　　　　　② ごらんになりました
　　③ お見でした　　　　　　　　④ おらんになりました

(9) こちらは山田さんと(　　　　)かたです。
　　① いう　　　　② 話す　　　③ 申しあげる　　　④ おっしゃる

(10) 私のうちへお遊びに(　　　　)ませんか。
　　① 来　　　② いらっしゃい　　③ なさい　　　④ おっしゃい

(11) 木下さんはあなたもよく(　　　　)でしょう。
　　① ご存じ　　　② お知り　　　③ お見え　　　④ ご覧

(12) どうぞ(　　　　)ください。
　　① お食べになって　　　　　② お食べて
　　③ お食べして　　　　　　　④ 召しあがって

(13) お客様、ご注文は何に(　　　　)。
　　　① しましょう　　　　　　　② まいりましょう
　　　③ いたしましょう　　　　　④ なさいましょう
(14) 合格を願って、出かけるに神社に(　　　)きた。
　　　① 参って　　　　　　　　　② おいでになって
　　　③ いたして　　　　　　　　④ いらっしゃって
(15) 早く先生におわびを(　　　　)なさい。
　　　① 話し　　　　② 言い　　　　③ 申しよげ　　　④ あっしゃり
(16) 先生に(　　　　)たいんですが、おさしつかえのない日はいつで
　　しょうか。
　　　① 会い　　　　　　　　　　② ごらんになり
　　　③ お見えになり　　　　　　④ お目にかかり
(17) お手紙(　　　)ました。
　　　① 見　　　　② お見　　　　③ ごらんになり　　④ 拝見いたし
(18) 駅へ行く道を教えて(　　　)ませんか。
　　　① 申しあげ　　② 参り　　　③ いただけ　　　④ お出でになり
(19) この絵を(　　　)ことがおありでしょうか。
　　　① お目にかかった　　　　② 拝見した
　　　③ ごらんになった　　　　④ お見くださった
(20) あの方のお名前を(　　　)ですか。
　　　① わかり　　② お知り　　③ 知り　　　④ ご存じ
(21) 今年の冬休みはどう(　　　)おつもりですか。
　　　① なさる　　② する　　　③ させる　　④ いたす
(22) そのことはわたくしも(　　　)おりました。
　　　① 知って　　② わかって　　③ 知っていて　④ 存じて
(23) 先生にお耳に(　　　)ことがあります。
　　　① する　　② いれる　　③ おく　　　④ はいる
(24) 山本さんには前に一度お目に(　　　)ことがあります。
　　　① いれた　　② 見た　　③ かかった　　④ した
(25) あのかたが(　　　)のはいつごろですか。
　　　① お帰えりした　② 帰えられた　③ 帰えった　④ お帰えった

MEMO NOTE

17 :: 敬語〈Ⅱ〉

 ●　●　●　●　●　●　●　●　●　●　●　●

※　체크 포인트

(1) 「おまえ」「これ」「それ」「あれ」: 가정에서 年長者가 부르는 것으로 일반에서는
　　사용되지 않음

(2) 「神さま」「おとうさま」 등의 「さま」: 큰 敬意의 표현임

(3) 手紙의 あて名 :「○○様」가 보통임.「○○殿」는 점차 사용되고 있지 않고,
　　「○○氏」는 조금 文語的인 표현임

(4) 「ぼく」「きみ」「○○君」: 원래 男子学生간의 用語였으나 지금은 一般化 되어
　　있음

(5) 「先生さま」「課長さん」과 같은 이중의 敬語는 피하는 편이 좋음

(6) 「あなたのお帽子」「あなたのご意見」 등과 같이 「あなたの」의 의미가 있는
　　것은 「お」나 「ご」를 붙여도 좋음

(7) 動詞의 敬語法에는 다음의 두 가지 型이 있다.
　　① れる(られる) : <u>答えられる</u>
　　② お~になる 　 : <u>お答えになる</u>

(8) 。「です」「ます」: 対話体 말씨

　　。「であります」: 講演투 말씨

　　。「でございます」: 정색한 말씨

(9) 윗사람에게 자신의 家族이나 家事에 관해서 이야기할 때 : 자신의 가족이나 家事
　　를 비하해서 말함

　　もうすぐ父と母がまいります。

(10) 정중한 표현

　　わたし → わたくし　　　わたしたち → わたくしども
　　あなた → あなた(さま)　おたく(さま)
　　このひと → この方　　　こちらの方
　　この人達 → この方々　　　こちらの方々
　　先生達 → 先生方

※ 接頭辞「お」「ご」의 使用法

(1) 和語에는 보통「お」를 붙인다.

　　お話　　　お土産　　お忘れもの

(2) 和語라도「ご」가 붙는 경우가 있다.

　　ごひいき　　　　　ごゆっくり

(3) 漢語에는 보통「ご」를 붙인다.

　　ご両親　　ご注意　　ご診察

(4) 일상생활에서 자주 사용되는 말에는 漢語라도「お」를 붙이는 일이 많다.

　　お弁当　　お料理　　お菓子　　お食事　　お蒲団　　お洋服
　　お電話　　お時間　　お風呂　　お世話　　お勉強

(5)「お」「ご」모두 사용되는 경우도 있다.

ご返事　　お返事

(6) 外来語에는 원칙적으로「お」「ご」를 붙이지 않는다. 그러나, 붙일 경우에는
「お」를 사용한다.(美化語에 한함)

おソース　　おビール　　おズボン

(7) 반드시「お」를 붙여야 되는 어휘

お茶　　おかず　　お膳　　おつり　　お湯　　お菓子

※　漢語尊敬語

陸下、　殿下、　高見、　芳名、　貴社、　令息

基本文 ● ● ● ● ● ● ● ● ● ● ● ●

- お好きなだけいつまでもここにいて下さって結構です。
- 何回も電話を入れましたが、お留守でした。
- どうぞ、ここへお金をお入れ下さい。
- ご家族の皆様もお変りございませんか。
- 私もおかげさまで、元気に暮しております。
- もどりしだいおでんわをさしあげるように申します。
- もうすこしかんがえてみてください。
- 日本語の勉強のことで、いつも先生にお世話になっています。
- 私もごいっしょにまいりとうございます。
- ご両親はお元気でいらっしゃいますか。
- お急ぎになれば、まだ間に合うかと存じます。
- お父様がお帰りになったら、よろしくお伝えください。
- 今度の事件に関しては先生のご意見を承りたいと存じます。
- お医者さんが病気の妹を診察された。
- 殿下はその話をお聞きになりました。
- どうぞ中におはいりになってください。
- ちょっとこの日記を読ませていただきます。
- こちらは吉川さんとおっしゃるかたです。
- お前さまのことをいつも母と話しております。
- おいそがしいところをお越しいただきまして、まことに申しわけございません。
- これからも世界の動向にたえず注目していこうと存じます。
- 新製品のカタログができてまいりましたので、持ってまいりました。
- 興味のお持ちの方は奪ってご参加いただきたいと思います。
- そのことなら先日一緒にお話を伺いましたので、よく承知しております。
- 農村の生活で実際に経験したことをお話ししてみたいと思います。
- 申し訳ありませんが、今日は少し早めに帰らせていただきたいのですが。
- 私の不注意からみなさんにご迷惑をおかけしました。
- 早くお電話なさったほうがいいと思います。
- お手伝いいたしましょうか。ええ、おねがいいたします。

- 帰りに田中さんの家によってまいります。
- 子供をつれてまいるつもりでございます。
- 先生の所へ行っておもしろい話を伺いました。
- どうぞ御飯をめしあがっていらっしゃってください。
- しつれいですが、お名まえはなんとおっしゃいますか。
- では、ご案内申しましょう。
- お父さんによろしく申し上げてください。
- あした電話をさしあげたいと存じます。
- わたしは御存じのとおり、耳がよく聞こえません。
- お食事をめしてから、お出かけください。
- 今度の日曜日は、先生の家にうかがうつもりだ。
- 送ってくださったお手紙を拝見いたしました。
- お机をかたづけましてから、そちらへ伺います。
- あなたにぜひご覧にいれたい本があります。

1. (　　　) 속에 「お」나 「ご」를 써 넣으시오.

(1) (　　　　)忘れ物のないように(　　　　)注意ください。

(2) (　　　　)便りありがとうございました。(　　　　)返事が大変遅れまして、申し訳ございません。

(3) 森岡先生は(　　　　)宅ではほとんど(　　　　)茶しかお飲みにならないようです。

(4) (　　　　)報せが遅くなって申し訳ありません。

(5) (　　　　)子さんは一人で(　　　　)飯が食べられますか。

(6) 今日は(　　　　)挨拶かたがた案内状を(　　　　)持ちしました。

(7) どうぞよろしく(　　　　)願い申し上げます。

(8) こちらに(　　　　)名前、(　　　　)住所を(　　　　)書き下さい。

(9) 先生が(　　　　)本を(　　　　)書きになりました。

(10) もしもし、田中さんの(　　　　)宅でいらっしゃいますか。

2. 알맞은 것을 고르시오.

(1) 座席を(倒します ・ 倒す)ときには、右下のレバーを押して下さい。

(2) 係の(者 ・ 方)を早速修理に伺わせます。

(3) ご立派なお宅で(いらっしゃいますね ・ ですね)。いつごろお建てになったんですか。

(4) はい、おかげさまで両親は(元気でいらっしゃいます ・ 元気でおります)。

(5) 本は読み終わったらすぐ(お返しします ・ お返しになります)。

(6) 先生に新しい資料を(見て ・ 見せて)いただきました。

(7) きのうは部長にうちまで送って(いただきました ・ あげました)。

(8) 旅行に(参った ・ いらっしゃった)ことがありますか。

(9) (お知り ・ ご存じ)のように、日本には温泉がたくさんあります。

(10) 昨年長崎へ行き、オランダ語も少々覚えて(いたしました ・ まいりました)。

3. 下線部를 普通体로 고치시오.

(1) ぜひまた遊びにいらっしゃってください。(　　　　　　)

(2) 会長はお部屋で調べものをしておいでになります。(　　　　　　)

(3) これは先生にいただいた本です。(　　　　　　　　)

(4) おなつかしゅうございますね。お元気でいらっしゃいますか。(　　　　　)

(5) 私は何曜日でもよろしゅうございます。(　　　　　)

(6) おさきにごはんをいただきました。(　　　　　)

(7) 何時ごろうかがったらよろしいでしょうか。(　　　　　)

(8) あなたも映画を見にいらっしゃいませんか。(　　　　　)

(9) 何をさがしていらっしゃるのですか。(　　　　　)

(10) 先生はいつもおべんとうをめしあがります。(　　　　　)

(11) 仕事はもうお済みですか。(　　　　　)

(12) お借りしたものはすぐお返しします。(　　　　　)

(13) 先生は朝五時に起きられるそうです。(　　　　　)

(14) 今晩お宅においでになりますか。(　　　　　)

(15) 用がすんだらあっちへおいで。(　　　　　)

解 答 編 ● ● ● ● ● ● ● ● ● ● ● ● ● ● ●

1. 名詞・代名詞

1. (1) ちゅう　　(2) あいだ　　(3) かん　　(4) ちゅう、じゅう
   (5) あいだ　　(6) じゅう　　(7) あいだ

2. (1) ご　　(2) お、お　　(3) ご、ご　　(4) お　　(5) ご
   (6) お　　(7) ご

3. (1) ①　　(2) ③　　(3) ④　　(4) ①　　(5) ②
   (6) ②　　(7) ④　　(8) ②　　(9) ③　　(10) ①
   (11) ④　　(12) ③　　(13) ②　　(14) ②　　(15) ②
   (16) ②　　(17) ③　　(18) ①　　(19) ④　　(20) ①

2. 動詞

1. (1) ②　　(2) ①　　(3) ③　　(4) ④＞⑤　　(5) ④＞⑤
   (6) ②＞ ④　 ⑤

2. (1) こ　　(2) いた　　(3) い　　(4) いく　　(5) ある
   (6) いく　　(7) き　　(8) いこう　　(9) い　　(10) きた

3. (1) ①　　(2) ④　　(3) ②　　(4) ④　　(5) ④
   (6) ②　　(7) ①　　(8) ③　　(9) ③　　(10) ④
   (11) ②　　(12) ①　　(13) ③　　(14) ④　　(15) ③

3. 形容詞・形容動詞

1. (1) なれっこに　(2) にくらしく　(3) 等しい　(4) 敏感　(5) 厳しく
   (6) 得意　(7) 欲しく　(8) はげしく　(9) おかしかっ
   (10) 積極的

2. (1) ②　　(2) ④　　(3) ①　　(4) ①　　(5) ③
   (6) ④　　(7) ②　　(8) ③　　(9) ④　　(10) ④
   (11) ①　　(12) ①　　(13) ④　　(14) ②　　(15) ②
   (16) ②　　(17) ③　　(18) ①　　(19) ④　　(20) ①

4. 連体詞・感動詞

1. (1) きたる　　(2) わが　　(3) いわゆる　　(4) たいした　　(5) さる
   (6) あらゆる
2. (1) あらゆる　(2) はい　　(3) ああ　　(4) こら　　(5) 去る
   (6) もしもし　(7) ある　　(8) 大きな　　(9) 小さな　　(10) ああ
3. (1) ①　　(2) ④　　(3) ①　　(4) ④　　(5) ②
   (6) ③　　(7) ①　　(8) ②　　(9) ③　　(10) ④
   (11) ①　(12) ④　(13) ①　(14) ③　(15) ①

5. 接続詞〈Ⅰ〉

1. (1) ただし　　(2) でも　　(3) それとも　　(4) および　　(5) しかも
   (6) ところで　(7) さて
2. (1) だが　　(2) しかし　　(3) また　　(4) けれども　　(5) それに
   (6) すると　(7) ゆえに　(8) つまり　(9) 要するに　(10) まして
3. (1) ②　　(2) ①　　(3) ④　　(4) ①　　(5) ②
   (6) ③　　(7) ②　　(8) ②　　(9) ③　　(10) ②
   (11) ④　(12) ①　(13) ①　(14) ④　(15) ③

6. 接続詞〈Ⅱ〉

1. (1) しかも　　(2) むしろ　　(3) というよりは　(4) むしろ　　(5) そして
   (6) その上　　(7) 代わりに　(8) その代わり　(9) それに
   (10) それから　(11) それに　(12) その上　　(13) しかも、そして
   (14) それで　(15) すると
2. (1) ①　　(2) ④　　(3) ②　　(4) ③　　(5) ①
   (6) ①　　(7) ④　　(8) ①　　(9) ③　　(10) ④
   (11) ②　(12) ①　(13) ④　(14) ①　(15) ④

7. 副詞〈Ⅰ〉

1. (1) ぽかぽか　(2) だんだん　(3) ちょうど　　(4) こっそり　(5) いちばん
   (6) そっと　　(7) じっと　　(8) こっそり　　(9) じっと　　(10) まっすぐ

2. (1) ②　　　　(2) ③　　　　(3) ①　　　　(4) ④　　　　(5) ②
　　(6) ①　　　　(7) ④　　　　(8) ①　　　　(9) ②　　　　(10) ③
　　(11) ①　　　(12) ①　　　(13) ④　　　(14) ③　　　(15) ④
　　(16) ③　　　(17) ②　　　(18) ①　　　(19) ②　　　(20) ③

8. 副詞〈Ⅱ〉

1. (1) すっきり　　(2) ついに　　　(3) つい　　　(4) どう　　(5) どうか
　　(6) どうして　　(7) 絶対　　　　(8) はっきり　(9) なかなか
　　(10) さっぱり
2. (1) ①　　　　(2) ④　　　　(3) ③　　　　(4) ①　　　　(5) ③
　　(6) ②　　　　(7) ②　　　　(8) ①　　　　(9) ②　　　　(10) ③
　　(11) ②　　　(12) ④　　　(13) ④　　　(14) ①　　　(15) ②
　　(16) ③　　　(17) ①　　　(18) ①　　　(19) ④　　　(20) ③

9. 副詞〈Ⅲ〉

1. (1) なるべく　　(2) ついでに　　(3) あくまで　　(4) とにかく　(5) わざわざ
　　(6) わざと　　　(7) わざわざ　　(8) せっかく　　(9) なるべく
　　(10) せっかく
2. (1) ②　　　　(2) ③　　　　(3) ①　　　　(4) ②　　　　(5) ①
　　(6) ④　　　　(7) ①　　　　(8) ②　　　　(9) ③　　　　(10) ③
　　(11) ①　　　(12) ③　　　(13) ①　　　(14) ④　　　(15) ②
　　(16) ③　　　(17) ④　　　(18) ③　　　(19) ①　　　(20) ②

10. 助詞〈Ⅰ〉

1. (1) が　　　　　(2) が　　　　　(3) で　　　　　(4) に　　　　(5) と
　　(6) に　　　　　(7) の　　　　　(8) より　　　　(9) と　　　　(10) で
　　(11) に　　　　(12) を　　　　(13) より　　　(14) を、も、が
　　(15) に
2. (1) ので　　　　(2) けれども　　(3) のみ　　　　(4) ても　　(5) ば
　　(6) すら　　　　(7) のに　　　　(8) て　　　　　(9) し　　　　(10) ものなら
3. (1) なり、なり　(2) どころか　　(3) ところで　　(4) だって　(5) には
　　(6) しか　　　　(7) なり　　　　(8) しか　　　　(9) ぐらい　(10) として

4. (1) くらい　　　(2) として　　　(3) なり　　　(4) きり　　　(5) くらい

11. 助詞〈Ⅱ〉

1. (1) かな　　　(2) け　　　(3) てば　　　(4) な　　　(5) ぜ、な
　(6) ものか　　(7) い　　　(8) もの　　(9) い　　　(10) もの
2. (1) が、から　(2) より　　(3) と　　　(4) や、や　(5) ほど
　(6) ばかり　　(7) でも　　(8) も　　　(9) さえ　　(10) ので
3. (1) ②　　　(2) ④　　　(3) ③　　　(4) ①　　　(5) ①
　(6) ②　　　(7) ③　　　(8) ①　　　(9) ①　　　(10) ④
　(11) ④　　(12) ①　　(13) ③　　(14) ②　　(15) ③

12. 助詞〈Ⅲ〉

1. (1) しか　　(2) まで　　(3) だけで　(4) の　　　(5) ほど
　(6) ものの　(7) ずつ　　(8) さえ　　(9) ほど　　(10) ばかりで
　(11) くせに　(12) くらい　(13) ぐらい　(14) ところで　(15) しも
2. (1) ③　　　(2) ③　　　(3) ②　　　(4) ②　　　(5) ①
　(6) ③　　　(7) ④　　　(8) ①　　　(9) ①　　　(10) ③
　(11) ②　　(12) ④　　(13) ①　　(14) ③　　(15) ④

13. 助動詞〈Ⅰ〉

1. (1) ②　　　(2) ④　　　(3) ③　　　(4) ①　　　(5) ①
　(6) ②　　　(7) ③　　　(8) ①　　　(9) ①　　　(10) ③
　(11) ②　　(12) ④　　(13) ②　　(14) ①　　(15) ③
　(16) ④　　(17) ②　　(18) ①　　(19) ④　　(20) ④
　(21) ③　　(22) ③　　(23) ①　　(24) ②　　(25) ②

14. 助動詞〈Ⅱ〉

1. (1) ませる　　(2) ない、まい　(3) させ　　(4) かせ　　(5) なかっ
　(6) なく　　　(7) せる　　　(8) なく　　(9) ませ　　(10) ない
2. (1) たい　　　(2) たがる　　(3) たけれ　(4) たけれ　(5) たがっ

3. (1) ②　　　　　(2) ①　　　　　(3) ④　　　　　(4) ②　　　　　(5) ④
　　(6) ③　　　　　(7) ①　　　　　(8) ②　　　　　(9) ③　　　　　(10)④
4. (1) ×　　　　　(2) ○　　　　　(3) ○　　　　　(4) ○　　　　　(5) ○

15. 助動詞〈Ⅲ〉

1. (1) ×　　　　　(2) ○　　　　　(3) ○　　　　　(4) ×　　　　　(5) ○
2. (1) 見せられません　　　　(2) まい　　　(3) を　　　(4) した
　　(5) 行けません　(6) 並んでいます　　　(7) 開けてあります
　　(8) わけ　　　(9) もの　　　(10)はず
　　(11)ほか　　　(12)やろう　　　(13)つもり　　　(14)もの　　　(15)言えまい
3. (1) 子供　　　(2) 先生　　　(3) 私　　　(4) 先生　　　(5) 私
　　(6) 台風　　　(7) だれか　　　(8) 私　　　(9) 子供　　　(10)私
　　(11)友達　　　(12)子供　　　(13)(他)人　　　(14)私　　　(15)女房

16. 敬語〈Ⅰ〉

1. (1) ②　　　　　(2) ①　　　　　(3) ②　　　　　(4) ①　　　　　(5) ①
　　(6) ③　　　　　(7) ①　　　　　(8) ②　　　　　(9) ④　　　　　(10)②
　　(11)①　　　　　(12)④　　　　　(13)④　　　　　(14)①　　　　　(15)③
　　(16)④　　　　　(17)④　　　　　(18)③　　　　　(19)③　　　　　(20)④
　　(21)①　　　　　(22)④　　　　　(23)②　　　　　(24)③　　　　　(25)②

17. 敬語〈Ⅱ〉

1. (1) お、ご　　　(2) お、ご　　　(3) お、お　　　(4) お　　　　　(5) お、ご
　　(6) ご、お　　　(7) お　　　(8) お、ご、お　　　(9) ご、お　　　(10)お
2. (1) 倒す　　　(2) 者　　　(3) いらっしゃいますね　(4) 元気でおります
　　(5) お返しします　　　(6) 見せて　　　(7) いただきました
　　(8) いらっしゃった　　　(9) ご存じ　　　(10)まいりました
3. (1) 来て　　　(2) いる　　　(3) もらった　　　(4) なつかしいね
　　(5) いい　　　(6) 食べた　　　(7) たずねる　　　(8) 行き
　　(9) いる　　　(10)食べる　　　(11)終りなの　　　(12)借りた
　　(13)起きる　　　(14)行くか　　　(15)行け

저자 金昌奎

- 上智大学 및 漢陽大学에서 修学(文学博士)
- 現在 釜山大学校 日語日文学科 教授

[개정판]

例文中心 日本語文法

개정 초판1쇄 인쇄 2012년 2월 10일
개정 초판1쇄 발행 2012년 2월 28일

저 자· 김창규
발행인 · 윤석현
발행처 · 제이앤씨
등 록· 제7-220호
TEL · (02)992-3253
FAX · (02)991-1285
E-mail · jncbook@daum.net
URL · http://www.jncbms.co.kr
132-040 서울시 도봉구 창동 624-1 북한산현대홈시티 102-1206

ⓒ 김창규 2012 All rights reserved. Printed in KOREA

ISBN 978-89-5668-897-8 93730   정가 10,000원